Dec. 2020

Rolando

and your work! A small gesture to thank you for helping my mom.

Warm Regards,

Rolando

BECAUSE I LOVE YOU

© J. Rolando Porras S.

Written on September 25, 2020
www.chooselifeabundant.blogspot.com

Because I Love You / Porque Te Amo

Because I Love You / Porque Te Amo

To my Dad,
Rolando Porras González

Because I Love You / Porque Te Amo

Because I Love You / Porque Te Amo

TABLE OF CONTENTS

Prologue	Pg. 7
1. A Plane Allegory	Pg. 9
2. Going Down	Pg. 31
3. Collapse	Pg. 40
Versión en Español (Spanish)	Pg. 51
Tabla de Contenido (Spanish)	Pg. 55
Appendix	Pg. 105

Because I Love You / Porque Te Amo

Because I Love You / Porque Te Amo

PROLOGUE

Early September 2020, I began to suddenly wake up somewhere around midnight and 4AM. When this happens, I prayerfully ask: "God, is there something you like me to know? If it's not You that's got me up, please help me get back to my much needed rest?" Despite my prayer, I couldn't go back to bed so I opened up the Scriptures, grabbed my iPad, and began to write. This happened every night for three weeks!

I found out that despite knowing what I know, I have shied away from sharing the straight message with my family, friends, and others. So I laboriously began to simplify the toughest of messages for anyone to understand. It took many a long night of work, but by the end of week three when I finally finished the letter, I discovered I had multiple pages of material. So, I closed my eyes with hope, and began to share it with my family and friends. That very night I was able to sleep through once again. Herewith is that letter, both in English, and Spanish.

Because I Love You / Porque Te Amo

CHAPTER 1
A PLANE ALLEGORY

A Challenge

What you are about to read will trouble you. Not many are able to read until the end, because this letter will test and challenge you. You may even question if we should remain friends. Please know, it's not my intention to offend you. After thinking long about this, I decided to paint a scenario to illustrate why I'm taking this chance and risking our friendship.

Let's imagine that you and I are on a plane, two best friends traveling on Babylon Airlines, a transatlantic flight to somewhere exciting. You are the passenger and I am your flight attendant who's there to serve and take care of you. Somewhere along the flight, the pilot calls me into the cockpit and informs me there's a hopeless problem with the engine.

Because I Love You / Porque Te Amo

Soon enough, I begin to notice critical signs of trouble such as turbulence, and a peculiar noise coming deep within the fuselage. My studies from the Evacuation Manual quickly come to mind telling me the plane will not make it. I come out of the cockpit and I see the majority of passengers asleep, others inebriated, and the rest distracted by the entertainment of Hollywood movies, loud music and video games on their seat's TVs.[1] Whether you are asleep, drunk, or mindlessly immersed by media, I will run to you with the sobering news, so you can fetch the Evacuation Manual in your seat pocket where you'll find instructions on where to find and how to wear your parachute to safely evacuate —this flight had parachutes at the reach of every passenger under their seat. The message is an urgent one. Though gloomy, the message also includes a way out of our dire predicament. If the situation were reversed, and I was the passenger, I know if you came over to warn me I consider you a true friend because love cannot sit passively. It must take action.

Well dear friend, what I have to share with you are three, life or death messages of warning. I may have shied away from telling you these

Because I Love You / Porque Te Amo

things before for fear of not knowing how to present these solemn messages. I also feared being judged, and rejected by you; even losing our relationship which greatly matters to me. But in the balance of things, these are trivial excuses. If in the above scenario I found out about our plane's imminent fate, but for some frivolous reason chose not tell you, how could I ever call myself a true friend to you? How could I ever live with my conscience that your life could have been spared? Thus I will not let another minute go by, and as your "flight attendant" friend, I will risk your good friendship for the sake of your life just as you would for me. So please forgive me for only sharing this now; I should have done this long ago. The positive side to my tardiness is that "the times" we are living in only help add conviction to the message.

Think of "the times" as the signs of trouble in the story of the plane. And when you know the times (i.e. signs), you will know what to do! (i.e. prepare)[2] Now we don't know when[3] the plane will crash, nobody knows exactly. But like a pregnant mother cannot tell the exact day of her child's birth, the signs gives her an idea of the approximate timing, so she knows to prepare for that soon event. As citizens of the world, what are our signs? Just look at what is going on arounds us these days: social unrest, moral breakdown of society, lawlessness, geopolitical dissension, wars and rumors of wars, political polarization, increasing changes in climate (i.e. earthquakes, storms, fires, hurricanes), food shortages, pestilences and pandemics, extreme economic gyrations, etc..[4] Can we really keep going the way things are?

The three-part message I have for you comes from an ancient book called Revelation.[5] The context says these need to be shared to prepare all nations right before the end of time. By the way, as you go through this letter you will see lots of endnotes, I made sure to add references after each chapter to keep the claims made in this letter credible.

In our plane story, the three-part message would be something like a set of instructions, not to scare us dead, but to move us to the truth of the matter. That is, stop what you are doing, grab your parachute and run to the exit before impending doom. Despite how uncomfortable you may feel at first, I encourage you to endure until the very end because as you read things should only get better. The first of three messages is as follows:

MESSAGE 1: JUDGEMENT HAS COME[6]

The first message tells us the time of reckoning is here. In our plane example, time's over. How can we best face this situation? Our starting point is identifying our current condition. That is, if I were to face judgement day, where am I as a person, am I good? But this letter is not about me, so the question is, where are you as a person? If you are like any other human being, it's very likely you think yourself a good person[7]. Are you truly good? When we measure our lives against the high Laws of Heaven, the scriptures say, we all have sinned and come short of the glory of God.[8] So who is right, man or the Scriptures?[9] If you still think you are a good person, consider going through the Good Person[10] test below:

1. Have you ever told a lie? And what do you call someone that tells a lie? A liar.

2. Ever stolen something despite its size? What do you call someone that steals? A thief.

3. Ever used God's name in vain? Ever heard of blasphemy? A very serious thing.[11]

4. Have you ever committed adultery? Adultery? He that looks at a woman (or man) and lusteth after her (or him) commits adultery in his or her heart.[12]

Please dear friend, **I'm not judging you**, but if you are honest with yourself, it's very likely your results look like mine when I went through the test myself. I also found out I was a lying thief, and blaspheming adulterer. And just as we would expect criminals to be brought to justice at a respectable and trustworthy civil court, there is a court in heaven that is also respectable and trustworthy that needs to bring criminals to justice. Once you are before a judge, you cannot bribe him by telling him of your good deeds, nor can you ask forgiveness. Why? Because it's too late at this point; the plane has already crashed.

Let me ask you another question, what do you think is the consequence for an individual with crimes such as these when tried in the heavenly courts: heaven or hell? For a trustworthy heavenly government to be just, the answer is hell, and the helpless outcome of this trial can make one feel desperately hopeless. I'm guessing you are not very comfortable reading this letter anymore and maybe you are not very happy with me either? That's ok, that's only your conscience waking up to its actual condition. At this point, this letter has probably knocked you down, which means you can only go up from here. Please stay with me to find the remedy.

REMEDY

Do you know what the Judge does for guilty law breakers like you and me? He's made a provision in setting up a way out. See, this Judge is not only just, but He's also love[13] and rich with mercy[14]. Two thousand years ago He sent a Man[15] who came to show us how to find victory over past crimes, and future ones. He also taught us how we should live. In our behalf, this Man, our Passover Lamb, offered to satisfy the penalty, which was the death penalty on an rugged cross conquering it by resurrecting on the third day. Through that act, He literally atoned or redeemed us from what the law demanded. In other words, He literally took our place, thus setting us free from eternal death. By choosing to suffer and die as a Man, He can understand and relate with our own pains, sufferings, temptations, and finite existence better than anyone else. Once we understand that we are in big trouble, the coming of the Son of God to our rescue is the greatest event in the history of the world. Yet there are many who have denied this grand event. The famous true story of Simon Greenleaf, Jewish agnostic, renown lawyer, and world's expert on evidence is one of my favorites. The gifted Mr. Greenleaf sought to disprove the resurrection of Christ but purposed to only use trustworthy historical evidence. To the world's surprise, the founding father of Harvard's Law School couldn't deny the resurrection, but actually went on to prove it, and he even converted to Christianity. This same resurrection from the dead can be ours if we only open our hearts to accept the gift Christ came to offer us: the exchange of our unrighteousness for righteousness, and life eternal. All you have to do is accept the gift; though it cost God the life of His only begotten Son, it's free for us.

We can start the process by:

A. Wholeheartedly confessing, and forsaking all that that is contrary to God,

B. by faith, trust in what Jesus has done for you (i.e. paying your penalty)

C. ask Jesus to come into your heart and take over your life; He's the power you need.

Jesus is our advocate in the heavenly court and His blood (the cost of His life) is your passport to eternal life. In our plane example, He is our parachute! As soon as you claim this priceless gift, the Judge will dismiss your case. In short, this is the eternal gospel,[16] the Greek word gospel simply means 'good news.' This great news need to be loudly shared with utmost urgency to all because there is a limit: the hour of judgment is the end. According to the Scriptures, we are literally living in the hour of judgement.

FEAR GOD, WHAT DOES IT MEAN?

Some may say, "this letter is fear mongering!" But if I don't take you to the edge of a cliff, you won't realize your predicament and your need for the remedy. In this case, fear is your friend. Some may choose to knock down the idea of God as soon as they hear the words fear and judgement because, conveniently, the thought goes, "no God, no judgement." But if I have stolen a car, imagining the police away is foolishness. See, it all depends where you stand. If we are on the wrong side of the law, we will fear and run away from the police, and the judge who in this case is God. But if we are in the right side of the law and we have been oppressed, we shall find safety with the police (who upholds laws) and will want to resort to the judge as our refuge. When you suffer an injustice, the police and the judge are your friends. But there needs to be "tsedaqa," which means: justice (implying the punishment of the oppressor), which also means love as it liberates the oppressed back to life.

Hopefully this message has made you really uncomfortable for you to think about these things more carefully and get right with God (i.e. in our example above, get the parachute, who is Jesus). When you do steps A, B, and C above we are exonerated from the claims of the Law, and because of that pardon we can start fresh, and live a straight life that shall meet the demands of the Law because its Jesus who is living in you now in thought and action. He is your universal passport to eternity, and when you carry it you will not fear judgement, instead you will look forward to the hour of judgment, the great event that shall right all wrongs. Isn't it a sweet prospect to think Judgment as the restitution of all things? Judgement day means the long-continued rule of evil such as racism, domestic violence, rape, aggression, child trafficking, sex slaves, holocausts, genocides, civil wars, murder, abortion, etc. shall finally end. When we can understand this, I hope you and I will begin hating sin, that thing that innocently crucified Our dear Friend, Christ Jesus. As with your parachute, there's no other escape out of death, and if you examine the religions of this world you will not find a deity that is that powerful yet so involved, and humble enough to lovingly die in behalf of His creatures. When you take a moment to seriously think about the power He has to defeat death, one cannot help but "fear" such loving God. The Biblical word "fear" in this message is best understood as "reverence, awe, respect, and deep admiration." To fear God is the beginning of wisdom![17] If you have lived a life of transgression,[18] move pride aside today! Pride is our biggest enemy. A closed hand cannot receive if it's in the form of a fist. But if you open it, he who asks shall receive.[19] Know this, opening your heart to receive God is a personal matter that's between you and the Creator, nobody else really needs to know. Remember, nobody else can save you but Him. Once you receive Him, you will abhor all that is not good.[20]

When we recognize and understand that we are merely creatures, and He is God the Creator, we shall revere or fear Him a Holy and Just God. He lovingly made us in His very image.[21] If the Scriptures say, "God is Love,[22]" then that means you and I were made to be love, like Him. Just that thought alone fills the heart with love. A heart in love will result in obedience, that is, listening to what He asks of us, followed by acting upon His requests, not because I got to, but because I get to.[23] Positively responding to His love by the way I live my life is how we give glory to God. That is, living a life that is filled with the fruits of: Love, Joy, Peace, Longsuffering, Gentleness, Goodness, Faith, Meekness, and Temperance.[24] But it's important to mention we cannot out of our strength do these things, nor follow His commandments. Nobody can. We must first realize that from within we will always be inadequate and incapable. What we need is help from without, that is, outside of us. We can only manifest these virtues when He who is outside is invited to live inside us. That is, we surrender self and let Him take over. In other words: I die so He can live.[25] Once He lives in you, we receive power, that is, we become partakers of His Spirit and therefore reflect His righteous character to the world through a keeping or better said, living of His laws by faith! "By faith" means to believe He is in us to live out those laws. Key word, believe! When we believe He is in us, we shall receive the power to Love, for we can't create the right kind love on our own. I mean, yes we can create love, but it will self-centered love. What we need is self-less love and He's got a way to oversupply our cups when we ask for that Love (or any of His other gifts, including the power to have victory over sin), so much so, that we can share the self-less love overflow with others. Trying to live a life without receiving from above will inevitably frustrate us, for we cannot give what we don't have. When you start tasting what God can do for and with you (i.e. power), you will discover a very peculiar joy. This whole faith thing will actually become real to you! You will want to celebrate and share what He has done and is doing for you with everyone you meet for "out of the abundance of the heart, the mouth speaks.[26]" This is why 2,000 years after Christ you still see, and will continue to see men and women giving their lives to dangerous mission fields where the missionaries don't care if it costs them their lives. They understand the worth of their God, and His love is worth dying for. The word worship is a combination of the words worth and -ship. Together it means to celebrate the worth of God. We can also do this daily through how we live our lives (i.e. sacrifice, selfless service). Interestingly, the first message ends with the words "worship Him that made heaven, and earth, and the sea, and the fountain of waters."

WORSHIP EQUALS CELEBRATION

How do we worship Him, how do we celebrate God? Thankfully we don't have to come up with some ideas of our own on how to worship the Creator; we've seen how terrible that can go (i.e. the golden-calf flop in the Exodus story[27]). The words "made heaven, and earth, sea, fountains" are quoting the 4th commandment in Exodus 20:8-11. That's the commandment that has to do with worship and at its very heart is an acknowledgment of God as Creator.[28] Unlike any other so-called day of worship, in Genesis 2:3 we can see this day matters to God because He "blessed and hallowed" the seventh day of the week. He called it the "Sabbath"[29] which means rest in Hebrew, commonly known as Saturday in English. And what is it that makes a thing holy? God's presence.[30]

It's interesting to find that the messages God selected for the time of the end takes us back to the 4th commandment. It talks about working six days, but resting the 7th day. Resting because putting work aside to go on a weekly 'date' with our God will only strengthen our relationship with our Creator; isn't that what the human heart needs the most in these troublesome times, an intimate, close and personal connection with the Most High? As we have seen above, His presence is there awaiting for us, all we have to do is show up and you shall find peace, wisdom, and most importantly, His love. It's a relationship thing, but relationships require effort and time; neglect these, and the relationship cools off. Through the Sabbath God is saying "I want to spend time with you." Has anyone ever told you they want to spend time with you? Think about how sweet that is? And when you go for it, shouldn't you zealously protect your time with Him? The question we should ask ourselves is, do I really know God? How can I look forward to spend time with someone whom I never really known? Does He know me?[31] The positive news is, with a little willingness, and planning, this can be easily fixed!

Interestingly, the commandment starts with the word "Remember" because He knew thousands would forget the Sabbath is the 7th day, not the 1st which is Sunday[32]. But what difference does a day make? Well, it's a question of loyalty. It's a matter of who do you give your allegiance and loyalty to. Think of the Garden of Eden, when Satan lured Eve to think less of the requirements of God. The whole tree thing mattered only because it mattered to God. With a simple tree, God proved mankind to see if we would be loyal to Him or Satan. In these three messages I'm sharing with you, the commandments of God are the great test, and in particular the fourth, which describes worship through the observance of the seventh-day Sabbath. Like in the Garden, don't let Satan persuade you it doesn't matter.

On one side we have the seventh-day Sabbath, a day God calls "My holy day,[33]" which He says is the sign[34] between Himself and His people. Contrary to popular opinion, the Sabbath is not for the Jews alone, for the Sabbath came before the Jews[35]. On the other side you have the Catholic Church saying their authority is above the Bible to transfer the day[36], and claim the Sunday[37] to be a "Catholic Law, claiming that all Protestants who keep Sunday, are following a law of the Catholic Church[38]" Sunday (i.e. the day of the sun) is then a counterfeit Sabbath; Ezekiel 8:16-17 calls it an abomination. Now, if Sabbath is the sign between God and His people, then it follows that Sunday is a counterfeit sign, or as the Catholic Church admits, in their words, it's their mark[39]. Which one would you like to be marked with, God's Sabbath, a day He hallowed and sanctified, or a pagan[40] day which origins have to do with sun worship from the ancient days of Babylon? If the Creator receives worship on the 7th day Sabbath, who then receives worship on Sunday? Logically, the creator of Sunday as a day of worship.[41]

Because of increased changes in our environment, health, politics and economy, soon comes the day where government will find it necessary to enact a day of rest as a solution to the problems of the world. We've seen some of the effects the recent COVID-19 lock downs have had to the world: it contained the spread of the corona virus, helped lower pollution, brought families together, etc. At the surface, it's a noble effort, except history clearly proves that if you legislate religious dogmas, the end result is always persecution. I'm reminded of this wise phrase: "Render to Caesar the things that are of Caesar's, and to God the things[42] that are God's.[43]" Unfortunately, those that forget history are bound to repeat it. Whether it has to do with climate change, supporting families from falling apart, or filling churches on a counterfeit Sabbath (i.e. Sunday) to supposedly bring God back to America, the excuse to enact Sunday as a national day of rest will come, and though at first innocent in its appearance, history foretells this will progressively become a very strict and strong law just as it was during the time of Constantine in the year 321 A.D. (more on Constantine in the Second Message).

The lines that once separated Church and state are now rapidly fading out. If you know your history, you'll find this to be a fearful thing[44].
While distracted with politics, entertainment,

social media, conspiracy theories, contradicting headline news, our civil liberties are disappearing right before us and we have had no choice but to passively accept things. The more troubles the world encounters, the more things line up for a Sunday law to take place. Impossible some say? Well, the governments of the world have had already enough practice on how to do this through lock-downs and quarantines just in the short months of the start of 2020. Those that choose to stand firm in the Laws of God will eventually be pressured to observe this false day of rest for the sake of a greater good. We shall face a standoff between what the "finger of God"[45] has written: the seventh-day Sabbath commandment, versus what man or popes[46] say should be the day of rest. Those of us that refuse to forsake the Law of God will be deemed to be divisive at a time where government is trying to keep the nation from collapsing.

Revelation's final showdown is not about a war in the Middle East for territory, the reconstruction of a desolate temple, or whatever, this is a common distraction with its origins in Jesuit theology.[47] If you don't know, Jesuits are a religious order of the Catholic

Church. The battle is about two different forms of worship. Ask yourself, who are you worshipping, because in a way, we all give worth-ship to someone or something. It's about obedience, and loyalty between what God asks of us, and what man says we should do no matter the consequences.[48] It has been said the greatest form of worship is obedience. Will you be able to stand for truth, even when it comes down to being called a fundamentalist fanatic? Will you be able to stand for truth when you are prohibited from buying or selling for food, and other goods such as medicines, shelter, and clothes? Have you any practice in growing your own food, and practical survival skills? Country living is our school, and the trials this brings teach us endurance, but most importantly complete reliance in God (your parachute), the only One who can save you. Our eternal lives hang on the balance, will you surrender eternal joy for a momentary solution?

The truth is painful, it will always demands change in our lives, that is, if you can put pride[49] aside. The other side to truth is ignorance which some say is bliss. But in a falling plane, which would you rather have? So says Hosea: "My people are destroyed for lack of knowledge:" I don't know about you, but as your "flight attendant," I can't stay silent anymore, and though I cannot take decisions for you, I want to make sure all cards are on the table.[50] "I'm now telling you these things before they happen, for when it comes to pass, you will believe."[51]

Because I Love You / Porque Te Amo

CHAPTER 2
GOING DOWN
Come Out

MESSAGE 2: BABYLON IS FALLEN[52]

In keeping with our plane allegory, we have seen the pilot choosing not to warn the passengers. That's because pilots will often downplay any problems the flight is having to avoid panic hoping they can weather the problem. You learned of our engine problems through me your flight attendant, but everyone else is ignorant they are in a flight that is about to fall.

If you never heard the word Babylon, it broadly means: a system of confusion. The word Babylon comes from the word Babel[53], the name of a proud city that sought to establish a government independent of God. If God's 10 Commandments (i.e. the Moral Law) are the foundation of His government, what Babylon was really saying is they don't care for His Laws, they don't have to have them.[54] Does this sound as pride? Pride is at the core of Babylon. A government without rule of law is chaos.[55] A relationship, or religion, for a lack of a better word, without upholding God's laws is confusion for there is no agreed standard. Try building a house without agreeing with your co-workers on a standard of measure (i.e. Metric vs. Imperial), you get nowhere.

Confusion also happens when a Church incorporates worldly[56] or pagan customs[57], which lowers the standards of the Laws and doctrines so that more members can enter the Church.[58] Uniting Sun-Worshiping Pagans with Sabbath-Keeping Jews and Christians by making Sunday the official day of rest was how Emperor Constantine successfully kept a united Roman Empire from dividing in the year 321 A.C. Not long after, during a time of national distress, the church grasped the reins of government when the Bishop of Rome officially took office in 538 A.C. By the way, are we living in a divided nation today; how about a divided world?

With Sunday came other pagan rituals that entered the Church, the end result was her loss of power and purity, consequently falling away into apostasy[59]. The faithful that disagreed with these new changes (later called Protestants or Reformers) were subjected to persecution because they thought Protestants threatened the stability of an already fragile Roman Empire. The truth was and still is a threat to the powerful religious entities at the top whose main concern is losing their influence, power, and income.[60] Those faithful to the Scriptures alone had to either agree with the Mother Church or leave her to save their lives. This explains why many Sabbath-keeping Christians lived deep out in the country and in the wilderness.[61] Though few survived, the Sabbath truth has always been kept alive in many countries across the world throughout the last 2,000 years.[62]

History has proven that worst of all is what happens when the Church gets involved in politics (i.e. Church and state commingled). Fornication is what the Bible calls it when a Church has illicit relations with the powers of the world.[63] When Christianity entered the courts and palaces of kings, the Church left Her lawful spouse who is Jesus, and committed spiritual adultery as she solicited the support of earthly heads of state for her survival (i.e. she has an affair). The Mother Church, once pure[64] now becomes the Harlot of Revelation 17:5, and her daughters are apostate Protestant Churches that cling to her doctrines, such as Sunday worship which is her own law and mark. The Church sets aside the simplicity of her message[65] in place of power and wealth. Human theories and traditions take the place of the simple requirements of God. Corruption was the end result and those that peacefully protested[66] where quickly vanished through the Holy Roman Empire's civil arm as seen through the Dark Ages, the Inquisition, and the Crusades to just name a few. For details on these terrible events see endnote for CNN article on how the Pope acknowledges in his own words, "the sins of Catholic Church over the past 2,000 years," in particular, "the use of violence under the guise of religion, toward other faiths within the Christian Church itself, all the ways in which we have divided and separated and hated one another and all the ways in which we have crushed the consciences of people by the use of force in the Inquisition and Crusades."[67] The pope makes an unprecedented apology for, as he calls it, these "evils."

Historians tally the casualties as innumerable.[68] Revelation says Babylon is fallen because she made all nations "drunk[69]" with the wine of its spiritual adulteries. In other words, the wine is false doctrine and man-made tradition that has confused many. Those who differed in their views have been persecuted to their deaths making the church guilty of the blood of many innocent families for at least 1,260 years. Though she's acknowledge and apologize for her violence, history has shown she never changes. In fact soon she'll gather her strength yet again, says Revelation 13:3. Her 'wine' will continue to numb and confuse people spiritually, marring God's beautiful character of love, this is why these Three Messages exist and not only need to be proclaimed but demonstrated through good acts of services and works.

Most people are surprised to find out that as early as the end of the 1st and 2nd century A.C., many Christians and Jews where already referring to Rome and later the Church as Babylon.[70][71] Paul even said that the mystery of iniquity was already at work. They saw the confusion brought about by the commingling of truth and error in the church quite early. Our calling is to call people out of a system of confusion into the Truth. The fall will be complete as soon as you see the United States finally passing religious laws as civil laws (i.e. Sunday rest). The fall is taking place behind the scenes right now, and just as staying in a fallen plane is death, staying in fallen church is spiritual death, which precedes physical death.

Jesus saw a similar state of confusion at His own Church, the Temple (which was the Vatican of those days), and He warned the priests that "their house was left unto them desolate"[72] from the presence of God. It's such a serious matter to cling to our own understandings of God (i.e. man-made traditions and doctrines) because they will lead us and many innocent others astray. At one point Jesus calls the prideful scribes and Pharisees (priests) "serpents, ye generation of vipers, how can ye escape the damnation of hell?"[73] This same desolation happened with the Roman Catholic Church; though she was once pure, she's been corrupted. And while many reformers have tried to un-bury the truths she once held high, she's chosen to reject those truths and replace many of them with traditions and man-made doctrines that confuse. Therefore she's in a fallen state, she's thus left desolate to forms and empty rituals. Her power mostly comes from her wealth and civil standing, not from heaven. According to Revelation 18:1-4, many of God's people are still there! Therefore this message is not one of condemnation to Catholics, Protestants, or anyone else as a matter of fact. There are many people of different persuasions who love the Lord, and many others who don't know Him yet that also need to hear this message of rescue. The critiques in this letter fall upon the system itself, the leadership not its faithful members. Even though the calling has been suppressed from ringing out loud, one soon day it will ring louder, but not for too long either because the end is near.

So the call is to leave Babylon to go where? The truth. But what is the Truth? The Truth is a person, Jesus Himself is the Truth[74], and every word that proceeds out of His mouth is truth, also called the Word of God, known also as the Bible[75]. Take each and every word in it and follow it as it reads, not what Church tradition or what your minister thinks it says.[76] When you seek for what God says you will most likely find disturbing inconsistencies in the traditions of your church. Who will you then render your allegiance to? Who will you obey? The Creator or man? You will also find, if you open your heart to His words, it will soften you heart and even transform it. And through His word, what is He asking us to do? He's asking us to leave fallen Babylon, flee out of her[77] and come to Him instead. Forsake pride and surrender your heart so that He can live in it, and be willing to be used by Him. We know that if we do what He asks of us, we become his friends,[78] wouldn't you want to be called a friend of God? There is no better friend than the One who made you.

Because I Love You / Porque Te Amo

CHAPTER 3
COLLAPSE

Two Groups

MESSAGE 3: YOUR CHOICE AND ITS CONSEQUENCES[79]

To recap, the first message says: return to your Creator because time has reached its end. He shows you your condition. To rescue you, He gives you a remedy, which is the good news: your 'parachute.' To establish a relationship He pleads with you to follow what He asks (i.e. revere and worship Him on the Sabbath).

Second message says: anything outside of Him is Babylon, a system of confusion, simply defined as a system of beliefs based on man-made laws and traditions. This system of confusion has fallen, or collapsed. If the system is fallen, get out, and go to Him, who is the Truth.

Because I Love You / Porque Te Amo

The third message says: those that choose to stay in Babylon are worshipping the beast and his image, and thus receive his mark, the mark of the beast. Those marked then receive the wrath of God, which are the seven last plagues.[80] I cannot reiterate this enough, because Jesus already incurred this wrath, no one, who accepts His death in exchange has to. This first group, who rejects God's rescue package is contrasted with a group who accepts to be rescued. The rescued are characterized by keeping His commandments (all ten of them) and having the faith of Jesus[81].
 Two groups, one is worldly and has the mark, the other one is spiritual, and has God's sign. Which group would you like to be on?

To make matters simple, let's go back to our plane allegory. If the plane is falling, and you choose to disregard the warning, you will go down with it and cease to exist. But if you heed the warning, and choose to strap your parachute who is Jesus, then you will be saved. Strapping the parachute to your body is the key. Your parachute and you should be one. Others have heard of the parachute, but what's the use of knowing its under your seat and not wearing it? You want to know how to use it before it's time to jump! On a falling plane I'd make sure to study that parachute as soon as possible! It is the parachute that saves you, not your works. I mean, no matter how hard you flap your arms, you are going down. So it is here, many people know of Jesus, but few know Him personally. When you allow Jesus to live in you, it is He who saves you, it is He who does the work, and it is He who those around you will see. Your life will not only proclaim, but reveal and demonstrate the Son of God in you.[82]

After reading this letter you have a choice. Doing nothing means you are staying in Babylon. That means you don't think God is worth moving out of Babylon. In other words, Babylon has more worth to you. As mentioned prior, the final battle is about whom you worship, and this third message ratifies it. Like the first message, the third message also mentions the word worship. In summary it reads: if any man worship the beast and his image, and receive his mark in his forehead, or in his hand, he shall incur the wrath of God without mercy, tormented with fire and brimstone.

What I'm trying to say is, staying in Babylon means you will, by default, worship the beast,[83] and his image who will soon compel the world to wonder after him.[84] Now, if your objective in life was to mark people, how would you do it? Whether you are of a religion or not, the beast will unite all by persuading the governments of the world to make Sunday a day of rest. Who is the beast? The beast can either be a head of state, or a country.[85] The beast is he who took the place of God on earth,[86] claiming he can forgive sin,[87] dared to change laws (i.e. removing the 2nd commandment[88] and splitting the 10th into two commandments) and times (i.e. replaced Sabbath with Sunday). Sunday is his mark[89], and his own law.[90] The beast, my dear friend, is the seat of the papacy, this means his office, not necessarily a man.[91] Most people are surprised to learn that the first individual to identify the papal office as Antichrist was a pope! Yes, Pope Gregory the Great (540-604), who was the last of the four original Doctors of the Church and who became known as Saint Gregory, at the end of the ancient church period, said that the following church teaching came from the spirit of Antichrist, he wrote: "I confidently affirm that whoever calls himself universal bishop or desires to be so called is in his pride a fore runner of Antichrist...[92]"

It happened again in the 13th and 14th

century where three popes claimed to be the 'true' pope, calling each other 'Antichrist' excommunicating each other until a fourth pope took the office.[93]

We defined the beast, but who is the image? An image of something or someone is like a copy of the original. Think mirror. In this case the image represents another ecclesiastical body, one who has the power to influence civil powers. To answer plainly, apostate Protestantism[94] is ripe to become the image of the papacy, who will ultimately influence the nation of the United States to do the papacy's will. Surprised? Consider how the papacy has been, in the pope's words: "trying to get the church back together with itself, Christians from Protestant and Catholic Churches together."[95] Consider also how the Johnson Amendment was recently repealed by President Trump. This kept Churches from being influential in politics, but since May 2017, Churches now have a voice in politics. In other words, this beloved country of ours will soon make an image to the beast and will use its civil power to enact her laws. Because of all that is happening in our nation, soon, very soon, the US, through Protestantism, will welcome the papacy's calls to legislate

Sunday, her mark, as a national day of rest to soothe the land and climate through a law that is contrary to the law of God.

What is mean to receive the mark in the forehead and in the hand? First let's clarify that the mark of the beast is not some microchip on the skin or some barcode. The mark of the beast is the exaltation of human religious traditions in the place of God's commandments. As we now have seen, a counterfeit system of worship (i.e. Sunday) will ultimately try to substitute Sabbath.

But how will it go on the forehead and hand? In the forehead represents the mind,[96] where the thoughts are. In thought we can choose to be obedient or disobedient to what God is asking of us to save us, as revealed through this letter. The mark will come to those who decide to keep Sunday as a holy day when it becomes a civil law. Disobedience is simply rebellion (or disloyalty) to God's government. Choosing Sunday is to go against His laws, is to go against Him. "In the hand" implies our actions. Thoughts results in actions. In this case, the action is observing Sunday. The good news is you can purpose in your mind to accept and do God's will before it's too late.

In closing, I like to bring back our plane allegory. Now that I shared with you the spiritual component, this allegory will make much more sense. By paying attention to the signs, we clearly see there is a critical problem with the airplane. Though the Pilot has chosen no to communicate the situation through the intercom, I as your serving[97] flight attendant has notified you of the impending crash and asked you to reach for the Evacuation Manual (i.e. your Bible) in your seat pocket to help you prepare. The manual will point to your parachute (i.e. Jesus), I hope that by now you have it on you. Though your decision of wearing the parachute will make your journey less comfortable, and will even be ridiculed by fellow passengers, you understand the turbulent times and therefore you know what to do. You don't wear it for joy, you wear it to be saved and salvation brings joy. Should you keep this information to yourself?

Famous atheist Penn Jillette once remarked, "How much do you have to hate somebody to believe that everlasting life is possible and not tell them that?"[98] So in the name of love you make your way down the aisle to the restrooms but you notice the other flight attendants on their phones distractedly browsing through Facebook and Instagram. You talk to them, but they apparently see things differently questioning your decision to wear a parachute, persuading you to take it off, saying it's just a small incidence of turbulence that shall soon pass and the parachute is an overreaction on your part scaring other passengers. Though they are dressed in uniform, and appear trustworthy, you begin to give some worth to their opinions. Being that they are the majority, for a brief moment you begin to doubt your own beliefs. Except the noise from the fuselage and what you read in the evacuation manual quickly brings you back to reality. How can they be so confused? Worse even, their neglect is confusing others. As you go back to your seat, you see lovely families all around you. You are hoping to persuade them to fetch their evacuation manual, but men, women and children were apparently hypnotized by the movies they were entertained with; some even had noise cancelling headphones, and others were completely immersed in their video games.

You squeeze back to your seat and you raise your window shade open to keep an eye on the signs, but both your neighbors complain at you because one he can't watch his movie from the glare, and the other you just interrupted her afternoon nap. You look above the seat before you and notice a flight attendant serving alcohol to several passengers, 'soothing' their fears of flying. It appears to you like most people are unawares and some are confused about the situation. What do you do? Do you try to tell them what I told you? Will they listen, and does it matter if they reject and make fun of you? You begin with your neighbor and then other passengers around you, but everyone thinks you are crazy and stop listening. You feel impotent, but how can you just let it be? Souls are at stake here. So you write a letter of warning in a manner that you hope will reach all those around you, to wake them, and help understand the bad and good consequences of their choices. You call it, "Because I Love You."

This is the actual situation of the world today, confused by the philosophies and diluted religions of the world, esotericism, Hollywood, greed, narcotics, vanity, addictions, social media, pride, overeating, idleness, love of money, materialism, etc. We are a people asleep in a falling plane. It is for this reason God has given this very fearful message in His

Bible, our evacuation manual. He's also allowed signs to speak out loud, and a people to convey the Three Messages before the soon coming end. He lovingly permits certain things in our lives to wake and sober us up, for the plane we are traveling on is about to meet its end.

My appeal to you my dear friend, sister, brother, mother, and/or my father is to get your parachute, that means, get right with God in the way He prescribed it through this letter while we still can, and earnestly study His manual to know Him personally as your friend. It's my greatest desire that we find an escape and make it to safety, you and me with our Creator, forever, because I love you.

Your friend,

Rolando.

Because I Love You / Porque Te Amo

Because I Love You / Porque Te Amo

Rolando Porras

PORQUE TE AMO

© J. Rolando Porras S.

25 de septiembre del 2020
www.chooselifeabundant.blogspot.com

Because I Love You / Porque Te Amo

Because I Love You / Porque Te Amo

Dedicado a mi Papá, Rolando Porras González

Because I Love You / Porque Te Amo

TABLA DE CONTENIDO

Prólogo	Pg. 57
1. Una Alegoria de Aviación	Pg. 59
2. Perdiendo Altitud	Pg. 83
3. Colapso	Pg. 93
Apéndice	Pg. 118

Because I Love You / Porque Te Amo

PRÓLOGO

A principios de septiembre de 2020, comencé a despertarme repentinamente alrededor de la medianoche y las 4 a.m. Cuando esto sucede, pregunto en oración: "Dios, ¿hay algo que te gustaría que yo sepa? Si no eres Tú quien me ha levantado, por favor ayúdame a volver a mi tan necesario descanso." A pesar de mi oración, no podía volver a la cama, así que abrí las Escrituras, agarré mi iPad y comencé a escribir. ¡Esto sucedió todas las noches durante tres semanas!

Descubrí que a pesar de saber lo que sé, no he compartido el mensaje como debería ser con mi familia, amigos y otras personas. Así que empecé a simplificar laboriosamente los mensajes más difíciles para todos. Me tomó muchas noches de trabajo, pero al final de la tercera semana, cuando finalmente terminé la carta, descubrí que tenía varias páginas de material. Entonces, cerré los ojos con esperanza y comencé a compartirlo con mi familia y amigos. Esa misma noche pude dormir una vez más. Esta es la carta.

Because I Love You / Porque Te Amo

CAPÍTULO 1
UNA ALEGORIA DE AVIACIÓN

Un Desafío

Lo que estás a punto de leer te preocupará. No muchos pueden leer hasta el final, porque esta carta te pondrá a prueba y te desafiará. Incluso puedes preguntarte si deberíamos seguir siendo amigos. Por favor, quiero que sepas que no es mi intención ofenderte. Después de pensar mucho en esto, decidí pintar un escenario para ilustrar por qué estoy tomando esta oportunidad y arriesgando nuestra amistad.

Imaginemos que tú y yo estamos en un avión, dos mejores amigos viajando en Babylon Airlines, un vuelo transatlántico a un lugar emocionante. Tú eres el pasajero y yo soy tu asistente de vuelo que está ahí para servirte y cuidarte. En algún momento del vuelo, el piloto me llama a la cabina y me informa que hay un problema serio con el motor. Muy pronto, empiezo a notar signos críticos de problemas, como turbulencias y un ruido peculiar que llega profundamente dentro del fuselaje. Mis estudios del Manual de Evacuación rápidamente me vienen a la mente diciéndome que el avión no lo logrará. Salgo de la cabina y veo a la mayoría de los pasajeros dormidos, a otros ebrios y al resto distraídos por el entretenimiento de películas de Hollywood, música a todo volumen y videojuegos en los televisores de sus asientos.[99] Ya sea que estés dormido, embriagado o totalmente inmerso por los medios de comunicación, correré hacia ti con las noticias aleccionadoras, para que puedas buscar el Manual de evacuación en el bolsillo de tu asiento, donde encontrarás instrucciones sobre dónde encontrar y cómo usar tu paracaídas para evacuar de manera segura; este vuelo tenía paracaídas al alcance de cada pasajero debajo de sus asientos. El mensaje es urgente. Aunque sombrío, el mensaje también incluye una forma de salir de nuestra terrible situación. Si la situación fuera al revés y yo fuera el pasajero, sé que si viniste a advertirme, te considero un

Because I Love You / Porque Te Amo

verdadero amigo porque el amor no puede permanecer pasivo. Debe tomar acción.

Bueno, querido amigo, lo que tengo que compartir contigo son tres mensajes de advertencia de vida o muerte. Es posible que haya rehuido decirte estas cosas antes por temor a no saber cómo presentar estos mensajes solemnes. También temí ser juzgado y rechazado por ti; incluso perdiendo nuestra relación, lo que me importa mucho. Pero a fin de cuentas, estas son excusas triviales. Si en el escenario anterior me enteré del destino inminente de nuestro avión, pero por alguna frívola razón decidí no decírtelo, ¿cómo podría llamarme un verdadero amigo para ti? ¿Cómo podría vivir con mi conciencia de que tu vida podría haber sido salvada? Así no dejaré que pase ni un minuto más, como amigo y tu "asistente de vuelo", arriesgaré tu buena amistad por el bien de tu vida como tú lo harías por mí. Así que, por favor, perdóname por solo compartir esto ahora; debi haber hecho esto hace mucho tiempo. El lado positivo de mi tardanza es que "los tiempos" en los que estamos viviendo solo ayudan a agregar convicción al mensaje.

Piensa en "los tiempos" como signos de problemas en la historia del avión. Y cuando conozcas los tiempos (es decir, las señales), ¡sabrás qué hacer! (es decir, prepararte)[100] Ahora no sabemos cuándo[101] el avión se estrellará, nadie lo sabe exactamente. Pero al igual que una madre embarazada no puede decir el día exacto del nacimiento de su hijo, los signos le dan una idea del momento aproximado, por lo que sabe prepararse para ese próximo evento. Como ciudadanos del mundo, ¿cuáles son nuestros signos? Solo mira lo que está sucediendo a nuestro alrededor en estos días: problemas sociales, ruptura moral de la sociedad, anarquía, disensión geopolítica, guerras y rumores de guerras, polarización política, cambios climáticos crecientes (es decir, terremotos, tormentas, incendios, huracanes), escasez de alimentos, pestilencias y pandemias, giros económicos extremos, etc.[102] ¿Realmente podemos seguir como están las cosas?

El mensaje de tres partes que tengo para ti proviene de un libro antiguo llamado Apocalipsis.[103] El contexto dice que estos tres mensajes deben compartirse para preparar a todas las naciones justo antes del fin de los tiempos. Por cierto, a medida que leas esta carta, verás muchas notas al final, me aseguré de agregar referencias para mantener creíbles las afirmaciones hechas en esta carta. En nuestra historia del avión, el mensaje de tres partes sería algo así como un conjunto de instrucciones, no para asustarnos, sino para trasladarnos a la verdad del asunto. Es decir, detén lo que estás haciendo, agarra tu paracaídas y corre hacia la salida antes de la muerte inminente. A pesar de lo incómodo que te puedas sentir al principio, te animo a que aguantes hasta el final porque a medida que leas las cosas solo mejorarán. El primero de los tres mensajes es el siguiente:

MENSAJE 1: HA LLEGADO EL JUICIO[104]

El primer mensaje nos dice que ha llegado el dia del juicio. En nuestro ejemplo de avión, el tiempo se acabó. ¿Cómo podemos afrontar mejor esta situación? Nuestro punto de partida es identificar nuestra condición actual. Es decir, si tuviera que enfrentar el día del juicio, ¿dónde estoy como persona ahora; soy bueno? Pero esta carta no es sobre mí, así que la pregunta es, ¿dónde estás como persona? Si eres como cualquier otro ser humano, es muy probable que te consideres una buena persona.[105] ¿Pero, eres realmente bueno? Cuando comparamos nuestra vida con las elevadas leyes del cielo, dicen las escrituras, todos hemos pecado y estamos destituidos de la gloria de Dios.[106] Entonces, ¿quién tiene razón, el hombre o las escrituras?[107] ¡Si aún crees que eres una buena persona, considera pasar la prueba de la Buena Persona[108] a continuación!

1. ¿Alguna vez has mentido? ¿Y cómo llamas a alguien que dice una mentira? Un mentiroso.

2. ¿Alguna vez has robado algo a pesar de su tamaño? ¿Cómo llamas a alguien que roba? Un ladrón.

3. ¿Alguna vez usaste el nombre de Dios en vano? ¿Has oído hablar de la blasfemia? Algo muy serio.[109]

4. ¿Has cometido adulterio alguna vez? ¿Adulterio? El que mira a una mujer (o un hombre) y desea a ella (o él) comete adulterio en su corazón.[110]

Por favor, querido amigo, **no te estoy juzgando**, pero si eres honesto contigo mismo, es muy probable que tus resultados se parezcan a los míos cuando hice la prueba yo mismo. También descubrí que era un ladrón mentiroso y un adúltero blasfemo. Y así como esperaríamos que los criminales sean llevados ante la justicia en un tribunal civil respetable y digno de confianza, hay un tribunal en el cielo que también es respetable y digno de confianza que necesita llevar a los criminales ante la justicia. Una vez que estés ante un juez, no puedes sobornarlo contándole de sus buenas obras, ni puedes pedirle perdón. ¿Por qué? Porque es demasiado tarde en este momento; el avión ya se ha estrellado.

Déjame hacerte otra pregunta, ¿cuál crees que es la consecuencia para un individuo con crímenes como estos cuando es juzgado en los tribunales celestiales: cielo o infierno? Para que un gobierno celestial, digno de confianza, sea justo, la respuesta es el infierno, y el resultado impotente de esta prueba puede hacer que uno se sienta desesperadamente sin esperanza. Supongo que ya no te sientes muy cómodo leyendo esta carta y tal vez tampoco estás muy contento conmigo. Está bien, eso es solo tu conciencia despertando a su condición real. En este punto, esta carta probablemente te haya derribado, lo que significa que solo puedes subir desde aquí. Quédate conmigo para encontrar el remedio, pues hay algo mejor.

REMEDIO

¿Sabes lo que hace el juez por infractores de la ley culpables como tú y yo? Ha hecho una provisión al establecer una salida. Este juez no solo es justo, también es amor[111] y rico en misericordia.[112] Hace dos mil años envió un Hombre[113] que vino a mostrarnos cómo encontrar la victoria sobre crímenes pasados y futuros. También nos enseñó cómo debemos vivir. En nuestro nombre, este Hombre, nuestro cordero de Pacua, se ofreció a satisfacer la pena, que era la pena de muerte en una cruz rugosa y la conquistó al resucitar el tercer día. A través de ese acto, Él literalmente nos expió o nos redimió de lo que exigía la ley. En otras palabras, literalmente tomó nuestro lugar, librándonos de la muerte eterna. Al elegir sufrir y morir como hombre, Él puede comprender y relacionarse con nuestros propios dolores, sufrimientos, tentaciones y existencia finita mejor que nadie. Una vez que entendemos que estamos en un gran problema, la venida del Hijo de Dios a nuestro rescate es el evento más grande en la historia del mundo. Sin embargo, hay muchos que han negado este gran evento. La famosa historia real de Simon Greenleaf, agnóstico judío, abogado de renombre y experto mundial en evidencia es una de mis favoritas. El talentoso Sr. Greenleaf trató de refutar la resurrección de Cristo, pero se propuso usar solo pruebas históricas confiables. Para sorpresa del mundo, el padre fundador de la Facultad de Derecho de Harvard no pudo negar la resurrección, pero en realidad la comprueba, e incluso se convirtió al cristianismo. Esta misma resurrección de entre los muertos puede ser nuestra si solo abrimos nuestro corazón para aceptar el regalo que Cristo vino a ofrecernos: el cambio nuestra injusticia por justicia y vida eterna. Todo lo que tienes que hacer es aceptar el regalo; aunque le costó a Dios la vida de su Hijo unigénito, es gratis para nosotros.

Podemos comenzar el proceso por:

A. confesando de todo corazón y abandonando todo lo que es contrario a Dios,

B. por fe, confía en lo que Jesús ha hecho por ti (es decir, pagando tu pena)

C. pídele a Jesús que entre en tu corazón y se haga cargo de tu vida; Él es el poder que necesitas.

Jesús es nuestro abogado en la corte celestial y Su sangre (el costo de Su vida) es tu pasaporte a la vida eterna. En nuestro ejemplo de avión, ¡Él es nuestro paracaídas! Tan pronto como reclames este regalo invaluable, el juez desestimará su caso. En resumen, este es él Evangelio eterno,[114] la palabra griega evangelio simplemente significa "buenas noticias." Esta gran noticia debe ser compartida en voz alta con la mayor urgencia para todos porque hay un límite: la hora del juicio es el final. Según las Escrituras, vivimos literalmente en la hora del juicio.

TEMED A DIOS, ¿QUÉ SIGNIFICA?

Algunos pueden decir, "¡esta carta es infundir miedo!" Pero si no te llevo al borde de un precipicio, no te darás cuenta de tu situación ni de tu necesidad de remedio. En este caso, el miedo es tu amigo. Algunos pueden optar por derribar la idea de Dios tan pronto como escuchen las palabras temor y juicio porque, convenientemente, el pensamiento dice: "si no hay Dios, no hay juicio." Pero si me he robado un coche, imaginarse que la policía no existe es una tontería. Todo depende de dónde te encuentres. Si estamos en el lado equivocado de la ley, temeremos y huiremos de la policía, y el juez, quien en este caso es Dios. Pero si estamos en el lado correcto de la ley, encontraremos seguridad con la policía (quien sostiene la ley) y querremos recurrir al juez como nuestro refugio. Cuando sufres una injusticia, la policía y el juez son tus amigos. Pero es necesario que haya "tsedaqa," que significa: justicia (mecanismo para corregir transgresión), que también significa amor, ya que libera a los oprimidos de nuevo a la vida.

Ojalá este mensaje te haya hecho sentir realmente incómodo y llevado a pensar en estas cosas con más cuidado para poder estar bien con Dios (es decir, en nuestro ejemplo anterior, toma el paracaídas, que es Jesús). Cuando realizas los pasos A, B y C anteriores, estamos exonerados de los reclamos de la Ley, y debido a ese perdón podemos comenzar de nuevo y vivir una vida recta que cumplirá con las demandas de la

Ley porque es Jesús quien está viviendo en ti; en pensamiento y acción. Él es tu pasaporte universal a la eternidad, y cuando lo lleves no temerás el juicio, en cambio esperarás la hora del juicio, el gran evento que corregirá todos los errores e injusticias. ¿No es una dulce perspectiva pensar en el Juicio como la restitución de todas las cosas? El día del juicio significa que la maldad que ha durado mucho tiempo, como el racismo, la violencia doméstica, la violación, la agresión, maltrato de niños, las esclavas y esclavos sexuales, los holocaustos, los genocidios, las guerras civiles, los asesinatos, el aborto, etc., finalmente terminarán. Cuando podamos entender esto, espero que tu y yo comencemos a odiar el pecado, esa cosa que crucificó inocentemente a nuestro querido Amigo, Cristo Jesús. Al igual que con tu paracaídas, no hay otro escape de la muerte, y si examinas las religiones de este mundo, no encontrarás una fe que sea tan poderosa, tan involucrada, y lo suficientemente humilde como para que Su Deidad decida morir amorosamente en nombre de Sus criaturas. Cuando se toma un momento para pensar seriamente en el poder que Él tiene para vencer a la muerte, uno no puede evitar "temer" a ese Dios amoroso. La palabra

Bíblica "miedo" en este mensaje se entiende mejor como "reverencia, asombro, respeto y profunda admiración." ¡Temer a Dios es el principio de la sabiduría![115] Si has vivido una vida de transgresión,[116] ¡deja de lado el orgullo hoy! El orgullo es nuestro mayor enemigo. Una mano cerrada no puede recibir si tiene la forma de un puño. Pero si la abres, el que pide, recibirá.[117] Sabe esto: abrir tu corazón para recibir a Dios es un asunto personal que es entre usted y el Creador, nadie más necesita saberlo. Recuerda, nadie más puede salvarte. Una vez que Lo recibas, supernaturalmente aborrecerás todo lo que no sea bueno.[118]

Cuando reconocemos y entendemos que somos meras criaturas, y Él es Dios el Creador, lo reverenciaremos o temeremos como un Dios Santo y Justo. Él nos hizo amorosamente a Su misma imagen.[119] Si las Escrituras dicen: "Dios es amor,[120]"entonces eso significa que tú y yo fuimos hechos para ser amor, como Él. Es solo pensar en esto que empieza a llenar el corazón de amor. Un corazón enamorado resulta en obediencia, es decir, escucharas lo que El pide de nosotros, seguido por ejercer sus requesitos, no porque 'debo,' sino porque 'puedo.'[121] Responder positivamente a Su amor por la forma en que vivo mi vida es la forma en que damos gloria a Dios. Es decir, vivir una vida que esté llena de los frutos de: amor, gozo, paz, paciencia, mansedumbre, bondad, fe, y templanza.[122] Pero es importante mencionar que no podemos hacer estas cosas con nuestras fuerzas, ni seguir Sus mandamientos. Nadie puede. Primero debemos darnos cuenta de que desde dentro siempre seremos inadecuados e incapaces. Lo que necesitamos es ayuda de afuera, es decir, fuera de nosotros. Solo podemos manifestar estas virtudes cuando Aquel que está afuera es invitado a vivir dentro de nosotros. Es decir, nos rendimos y dejamos que Él se haga cargo del resto. En otras palabras: muero para que Él pueda vivir.[123] Una vez que Él vive en ti, recibimos poder, es decir, nos convertimos en participantes de Su Espíritu y, por lo tanto, reflejamos Su carácter justo al mundo a través de la observancia, o mejor dicho, el vivir de Sus leyes por fe. "Por fe" significa creer que Él está en nosotros para vivir esas leyes. Palabra clave, ¡creer! Cuando creemos que Él está en nosotros, recibiremos el poder de amar, porque no podemos crear el amor correcto por nuestro propio esfuerzo. Quiero decir, sí, podemos crear amor, pero será amor egocéntrico. Lo que necesitamos es amor desinteresado y Él tiene una manera de sobrepasar nuestras copas cuando le pedimos ese Amor (o cualquiera de Sus otros dones, incluyendo el poder de tener la victoria sobre el pecado). Tanto amor nos dara que se desbordara de nuestras copas, y podremos compartirlo con los demás. Tratar de vivir una vida sin recibir de arriba nos frustrará inevitablemente, porque no podemos dar lo que no tenemos. Cuando empieces a saborear lo que Dios puede hacer por y contigo (es decir: poder), descubrirás un gozo muy peculiar. ¡Todo este asunto de la fe se volverá real para ti! Querrás celebrar y compartir lo que Él ha hecho y está haciendo por ti con todos los que conozcas porque "de la abundancia del corazón, la boca habla."[124] Es por eso que 2000 años después de Cristo todavía se ve y seguirá viendo a hombres y mujeres entregar sus vidas a campos misioneros peligrosos donde a los misioneros no les importa si eso les empeligra la vida. Ellos comprenden el valor de su Dios y Su amor es digno de morir. En ingles, la palabra adoración es "worship" cual es una combinación de las palabras 'worth' y '-ship'. La palabra 'worth' significa valor y dignidad. Juntas significa: celebrar el valor de Dios. Tambien lo hacemos a través de cómo vivimos nuestras vidas (es decir, sacrificio, servicio desinteresado). Curiosamente, el primer mensaje termina con las palabras "adorad al que hizo los cielos y la tierra, el mar y la fuente de las aguas."

ADORACIÓN ES IGUAL A CELEBRACIÓN

¿Pero, cómo Lo adoramos, como celebramos a Dios? Afortunadamente no tenemos que pensar en nuestras propias ideas sobre cómo adorar al Creador; hemos visto lo terrible que puede ser esto (es decir, el fracaso del becerro de oro en la historia del Éxodo[125]). Las palabras "hizo los cielos y la tierra, el mar, fuentes" están citando el cuarto mandamiento en Éxodo 20: 8-11. Ese es el mandamiento que tiene que ver con la adoración y en el fondo está el reconocimiento de Dios como Creador.[126] A diferencia de cualquier otro llamado día de adoración, en Génesis 2: 3 podemos ver que este día le importa a Dios porque Él "bendijo y santifico" el séptimo día de la semana. Lo llamó el "sábado"[127] que significa descanso en hebreo, comúnmente conocido como 'saturday' en inglés. ¿Y qué es lo que santifica una cosa? La presencia de Dios.[128]

Es interesante descubrir que los mensajes que Dios seleccionó para el tiempo del fin nos regresan al cuarto mandamiento. Habla de trabajar seis días, y descansar el séptimo día. Descansar porque dejar el trabajo a un lado para tener una 'cita' semanal con nuestro Dios solo fortalecerá nuestra relación con nuestro Creador; ¿No es eso lo que más necesita el corazón humano en estos tiempos difíciles, una conexión íntima, cercana y personal con el Altísimo? Como hemos visto anteriormente, Su presencia nos espera, todo lo que tenemos que hacer es aparecer y encontrarás paz, sabiduría y, lo más importante, disfrutar de Su amor. Es una cuestión de relación, pero las relaciones requieren esfuerzo y tiempo; descuidarlos y la relación se enfría. A través del día de reposo, Dios está diciendo: "Quiero pasar tiempo contigo." ¿Alguien te ha dicho alguna vez que quiere pasar tiempo contigo? ¿Piensa en lo dulce que es eso? Y cuando lo haces, ¿no deberías proteger celosamente tú tiempo con Él? La pregunta que debemos hacernos es: ¿realmente conozco a Dios? ¿Cómo puedo esperar pasar tiempo con alguien a quien nunca conocí realmente?

¿Me conoce El?[129] La buena noticia es que, con un poco de voluntad y planificación, ¡esto se puede arreglar fácilmente!

Curiosamente, el mandamiento comienza con la palabra " Recuerda " porque sabía que miles de personas olvidarían que el sábado es el séptimo día, no el primero, que es el domingo.[130] Pero, ¿qué diferencia hace un día? Bueno, es una cuestión de lealtad. Es una cuestión de a quién le das tu lealtad. Piensa en el jardín de Eden, cuando Satanás atrajo a Eva para que pensara demenos los requisitos de Dios #duda. Todo el asunto del árbol importaba solo porque le importaba a Dios. Con un simple árbol, Dios probó a la humanidad para ver si seríamos leales a Él o Satanás. En estos tres mensajes que comparto contigo, los mandamientos de Dios son la gran prueba, y en particular el cuarto, que describe la adoración mediante la observancia del séptimo día sábado. Como en el huerto, no dejes que Satanás te persuada de que el dia no importa.

Por un lado tenemos el sábado del séptimo día, un día que Dios llama "Mi día santo,"[131] que dice que es la señal[132] entre él y su pueblo. Contrario a la opinión popular, el sábado no es solo para los judíos, porque el sábado vino antes que los judíos.[133] En el otro lado tienes a la Iglesia Católica diciendo que su autoridad está por encima de la Biblia para transferir el día,[134] y reclamar el domingo[135] para ser una "Ley Católica, afirmando que todos los protestantes que guardan el domingo, están siguiendo una ley de la Iglesia Católica."[136] El domingo (es decir, el día del sol, Sun-day en inglés) es entonces un día de reposo replica; Ezequiel 8:16-17 lo llama una abominación. Ahora, si el sábado es la señal/signo entre Dios y su pueblo, entonces se sigue que el domingo es una señal/signo falso, o como admite la Iglesia Católica, en sus palabras, es su 'marca.'[137] ¿Con cuál signo te gustaría que te marcaran, el sábado de Dios, un día que Él santificó y bendijo, o un día pagano[138] cual orígenes tienen que ver con la adoración al sol desde la antigüedad de Babilonia? Si el Creador recibe adoración el séptimo día sábado, ¿quién recibe adoración el domingo? Lógicamente, el creador del domingo como dia de resposo, no Dios.[139]

Debido a los crecientes cambios en nuestro medio ambiente, salud, política y economía, pronto llegará el día en que el gobierno encontrará la necesidad de pasar un día de descanso como solución a los problemas del mundo. Ya hemos visto los efectos de los recientes toques de queda que COVID-19 ha tenido en el mundo: contuvo la propagación del virus corona, ayudó a reducir la contaminación, 'unió' a las familias, etc. En la superficie, es un esfuerzo noble, excepto que la historia demuestra claramente que si se legislan dogmas religiosos, el resultado final es siempre la persecución. Recuerdo esta sabia frase: "Dad al César lo que es del César, y a Dios aquello[140] que es de Dios.[141]" Desafortunadamente, aquellos que olvidan la historia están obligados a repetirla. Ya sea que tenga que ver con el cambio climático, apoyar a las familias para que no se desmoronen o llenar iglesias en un sábado falso (es decir, el domingo) para supuestamente traer a Dios de regreso a Estados Unidos (o cualquier nacion), la excusa para pasar el domingo como un día nacional de descanso llegará, y aunque aunque inicialmente inocente en su apariencia, la historia ha mostrado que cuando esto pase, progresivamente se convierte en una ley muy estricta y fuerte, tal como lo fue durante la época de Constantino en el año 321 d.C. (más sobre Constantino en el Segundo Mensaje).

Las líneas que una vez que separaban la Iglesia y el Estado están ahora rápidamente desvaneciendo. Si conoces la historia, encontrarás que esto es algo terrible.[142] Mientras estamos distraídos con la política, el entretenimiento, las redes sociales, las teorías de conspiración, titulares noticieros contradictorios, nuestras libertades civiles están desapareciendo ante nosotros y no hemos tenido más remedio que aceptar las cosas pasivamente. Cuantos más problemas enfrenta el mundo, más cosas se alinean para que se lleve a cabo una ley dominical. ¿Imposible dicen algunos? Bueno, los gobiernos del mundo ya han tenido suficiente práctica sobre cómo hacer esto a través de bloqueos y cuarentenas solo en los cortos meses del comienzo de 2020. Aquellos que elijan mantenerse firmes en las Leyes de Dios eventualmente serán presionados para observar este falso día de descanso por un bien mayor. Enfrentaremos un enfrentamiento entre lo que el "dedo de Dios"[143] ha escrito: el mandamiento del séptimo día sábado, versus lo que el hombre o el papado[144] dicen que debería ser el día de descanso. Aquellos de nosotros que nos negamos a abandonar la Ley de Dios seremos considerados divisivos en un momento en que el gobierno está tratando de evitar que la nación colapse.

El enfrentamiento final del libro de Apocalipsis no se trata de una guerra en el Medio Oriente por territorio, la reconstruccion de un templo desolado, o lo que sea, esta es una distracción común con sus orígenes en la teología jesuita.[145] Si no lo sabias, los jesuitas son una orden religiosa de la Iglesia Católica. La batalla se trata de dos formas diferentes de adoración. Pregúntate, que estás adorando, porque en cierto modo, todos damos alabanza a alguien o algo. Se trata de obediencia y lealtad entre lo que Dios nos pide y lo que el hombre dice que debemos hacer -sin importar las consecuencias[146]. Se ha dicho que la mejor forma de adoración es la obediencia. ¿Serás capaz de defender la verdad, incluso cuando se trata de ser llamado fanático fundamentalista? Podras ser capaz de defender la verdad cuando se te prohíba la compra o venta de alimentos y otros bienes, tales como medicinas, refugio y ropa? ¿Tienes alguna práctica en el cultivo de tu propia comida y habilidades prácticas de supervivencia? La vida en el campo es nuestra escuela, y las pruebas que esto conlleva nos enseñan a subsistir, pero lo más importante es una completa confianza en Dios (tu paracaídas), El único que puede salvarte. Nuestras vidas eternas penden de un hilo, ¿entregarás el gozo eterno por una solución momentánea?

La verdad es dolorosa, siempre exigirá un cambio en nuestra vida, es decir, ¿si puedes poner el orgullo[147] por un lado? El otro lado de la verdad es la ignorancia. Me acuerdo del dicho, "la ignorancia es grata." Pero en un avión que cae, ¿cuál preferirías tener? Esto dice Oseas: "Mi gente se destruye por falta de conocimiento:" No sé tu mi amigo, pero como tu "asistente de vuelo", no puedo quedarme en silencio más, y aunque no puedo tomar decisiones por ti, quiero asegúrarme de que todas las cartas estén sobre la mesa[148].
"Ahora, te estoy diciendo estas cosas antes de que sucedan, porque cuando sucedan, creerás.[149]"

Because I Love You / Porque Te Amo

CAPÍTULO 2
PERDIENDO ALTITUD

Salí Rápidamente

MENSAJE 2: BABILONIA HA CAÍDO[150]

De acuerdo con nuestra alegoría del avión, hemos visto al piloto optar por no advertir a los pasajeros. Esto se debe a que los pilotos siempre minimizarán cualquier problema que tenga el vuelo para evitar el pánico con la esperanza de poder superar el problema. Pero tu te enteraste de nuestros problemas con el motor a través de mí, tu asistente de vuelo. Todos los demás no saben que están en un vuelo que está a punto de caer.

Si nunca escuchaste la palabra Babilonia, en términos generales significa: un sistema de confusión. La palabra Babilonia proviene de la palabra Babel,[151] el nombre de una ciudad orgullosa que buscaba establecer un gobierno independiente de Dios. Si los Diez Mandamientos de Dios (es decir, la Ley Moral) son la base de Su gobierno, lo que Babilonia realmente estaba diciendo es que no les concerna Sus Leyes, ¿por qué tenerlas?[152] ¿Suena esto a orgullo? El orgullo está en el centro de Babilonia.

Pero, un gobierno sin leyes es caos.[153] Una relación, o religión (por falta de una palabra mejor), sin las leyes de Dios es confusión porque no hay un estándar acordado. Intenta construir una casa sin ponerse de acuerdo con tus compañeros de trabajo en un estándar de medida (es decir, métrico versus imperial), no llegarás muy lejos. La confusión también ocurre cuando una Iglesia incorpora filosofías mundanas[154] o costumbres paganas[155] cual rebajan los estándares de Leyes y doctrinas morales para que más miembros puedan ingresar a la Iglesia.[156] Unir a los paganos adoradores del sol con judío/cristianos que guardaban el sábado, por medio de legislar el dia domingo como día oficial de descanso fue la forma en que el emperador Constantino logró evitar que un Imperio Romano desunido se dividiera aún más en el año 321 d.C. No mucho después, durante una época de angustia nacional, la iglesia tomó las riendas del gobierno cuando el obispo de Roma asumió oficialmente el cargo en 538 A.C. Por cierto, ¿estamos viviendo en un nación dividida hoy? ¿Qué tal un mundo dividido? Con el domingo llegaron otros rituales paganos que entraron en la Iglesia, el resultado final fue su pérdida de poder y pureza, por lo que cayó en la apostasía[157]. Los fieles que cuestionaron estos nuevos cambios (más tarde llamados protestantes o reformadores) fueron objeto de persecución porque pensaban que los protestantes amenazaban la estabilidad de un Imperio Romano ya frágil. La verdad era y sigue siendo una amenaza para las poderosas entidades religiosas cuya principal preocupación es perder su influencia, poder e ingresos.[158] Aquellos que eran solamente fieles a las Escrituras tenían que estar de acuerdo con la Madre Iglesia o dejarla para salvar sus vidas. Esto explica por qué muchos cristianos que guardaban el sábado vivían en las profundidades del campo.[159] Aunque pocos sobrevivieron, la verdad del sábado siempre se ha mantenido viva en muchos países del mundo durante los últimos 2,000 años.[160]

La historia ha demostrado que lo peor de todo es lo que sucede cuando la Iglesia se involucra en política (es decir, la Iglesia y el estado se mezclan). Fornicación es lo que la Biblia llama cuando una Iglesia tiene relaciones ilícitas con los poderes del mundo.[161] Cuando el cristianismo entró en las cortes y palacios de los reyes, la Iglesia dejó a su legítimo cónyuge, Jesús, y cometió adulterio espiritual al solicitar el apoyo de los jefes de estado terrenales para su supervivencia (es decir, tiene un romance ilicito). La Madre Iglesia, una vez pura[162] ahora se convierte en la Gran Ramera de Apocalipsis 17:5, y sus hijas son iglesias protestantes apóstatas, apostatas porque se aferran a sus doctrinas, como la adoración dominical, que es ley y marca hecha por el hombre. La Iglesia deja de lado la sencillez de su mensaje[163] y da lugar al poder y riqueza. Las teorías y tradiciones humanas toman el lugar de los simples requisitos de Dios. La corrupción fue el resultado final y aquellos que protestaron pacíficamente[164] fueron desaparecidós rápidamente a través del brazo civil del "Santo" Imperio Romano como se vio a través de la Edad Media, la Inquisición y las Cruzadas, por nombrar solo algunos. Para obtener detalles sobre estos terribles eventos, consulta la nota al final del artículo de CNN sobre cómo el Papa reconoce en sus propias palabras, "los pecados de la Iglesia Católica durante los últimos 2.000 años," en particular, "el uso de la violencia bajo el disfraz de la religión, hacia otras religiones dentro de la propia Iglesia cristiana, todas las formas en las que nos hemos dividido, separado y odiado unos a otros y todas las formas en que hemos aplastado las conciencias de las personas mediante el uso de la fuerza en la Inquisición y las Cruzadas.[165] "El Papa hace una disculpa sin precedentes por, como él lo llama, estas "maldades." Los historiadores cuentan el número de muertos como innumerable.[166] Apocalipsis dice que Babilonia ha caído porque emborrachó a todas las naciones[167] con el vino de sus adulterios espirituales. En otras palabras, el vino es una falsa doctrina y una tradición creada por el hombre que ha confundido a muchos. Aquellos que diferían en sus puntos de vista han sido perseguidos hasta la muerte, haciendo a la iglesia culpable de la sangre de muchas familias inocentes durante al menos 1.260 años. Aunque reconoce y se disculpa por su violencia, la historia ha demostrado que la iglesia nunca cambia. De hecho, pronto volverá a reunir fuerzas nos dice Apocalipsis

13:3. Su 'vino' continuará adormeciendo y confundiendo a las personas espiritualmente, confundiendo al mundo del hermoso carácter de amor de Dios, por eso existen estos Tres Mensajes y no solo necesitan ser proclamados sino demostrados a través de buenos actos de servicios y obras.

La mayoría de la gente se sorprende al descubrir que desde los siglos I y II d.C., muchos cristianos y judíos ya se referían a Roma y luego a la Iglesia como Babilonia.[168] [169] Pablo incluso dice que el misterio de iniquidad estaba ya ocurriendo. Vieron la confusión provocada por la mezcla de verdad y error en la iglesia bastante temprano. Nuestro llamado es sacar a la gente de un sistema de confusión hacia la Verdad. La caída estará completa tan pronto como veas a los Estados Unidos finalmente aprobando leyes religiosas como leyes civiles (es decir, un descanso dominical). La caída está ocurriendo detrás de las escenas en este momento, y así como permanecer en un avion que cae es muerte, permanecer en una iglesia caída es muerte espiritual, que precede a la muerte física.

Jesús vio un estado similar de confusión en Su propia Iglesia, el Templo (que era el Vaticano de aquellos días), y advirtió a los sacerdotes que "su casa les fue dejada desolada"[170] de la presencia de Dios. Es un asunto muy serio aferrarnos a nuestro propio entendimiento de Dios (es decir, tradiciones y doctrinas hechas por el hombre) porque nos desviarán a nosotros y a muchos otros inocentes. En un momento dado Jesús llama a los orgullosos escribas y fariseos (sacerdotes) "serpientes, generación de víboras, ¿cómo escaparéis de la condenación del infierno?"[171] Esta misma desolación ocurrió con la Iglesia Católica Romana; aunque una vez fue pura, ha sido corrompida. Y aunque muchos reformadores han tratado de desenterrar las verdades que una vez sostuvo en alto, ella eligió rechazar esas verdades y reemplazar muchas de ellas con tradiciones y doctrinas creadas por el hombre que confunden. Por lo tanto, está en un estado caído, abandonada a las formas y rituales vacíos. Su poder proviene principalmente de su riqueza y posición civil, no del cielo. De acuerdo con Apocalipsis 18:1-4, ¡muchos del pueblo de Dios todavía están allí! Por lo tanto, este mensaje no es uno de condena a los católicos, protestantes o cualquier otra persona de hecho. Hay muchas personas de diferentes creencias que aman al Señor, y muchas otras que aún no lo conocen y que también necesitan escuchar este mensaje de rescate. Las críticas en esta carta recaen sobre el sistema mismo y puestos de liderazgo, no sus miembros fieles. A pesar de que se ha impedido que esta llamada suene fuerte, un día pronto sonará más fuerte, pero tampoco por mucho tiempo porque el final está cerca.

Entonces, ¿el llamado es dejar Babilonia para ir a dónde? La verdad. Pero, ¿qué es la verdad? La Verdad es una persona, Jesús mismo es la Verdad,[172] y toda palabra que sale de su boca es verdad, también llamada Palabra de Dios, conocida también como la Biblia.[173] Toma todas y cada una de las palabras que contiene las Escrituras y síguelas como se leen, no lo que la tradición de la Iglesia o lo que tu ministro cree y te dicen.[174] Cuando buscas lo que Dios dice, lo más probable es que encuentres perturbadoras inconsistencias en las tradiciones de tu iglesia. Entonces, ¿a quién rendirás tu lealtad? ¿A quién obedecerás? ¿El Creador o el hombre? También encontrarás que, si abres tu corazón a Sus palabras, esto te ablandará e incluso te transformará. Y a través de Su palabra, ¿qué nos pide que hagamos? Nos está pidiendo que dejemos la Babilonia caída, escapa fuera de ella[175] y acércate a Él. Abandona el orgullo y entrega tu corazón para que Él pueda vivir en él y estar dispuesto a ser usado por Él. Sabemos que si hacemos lo que Él nos pide, nos convertimos en sus amigos,[176] ¿No te gustaría que te llamaran amigo de Dios? No hay mejor amigo que Aquel que te hizo.

Because I Love You / Porque Te Amo

CAPÍTULO 3
COLAPSO

Dos Grupos

MENSAJE 3: TU ELECCIÓN Y LAS CONSECUENCIAS[177]

En resumen, el primer mensaje dice: regresa a tu Creador porque el tiempo ha llegado a su fin. Para esto es necesario saber nuestra condición. Para rescatarte, te da un remedio, que es la buena noticia: tu 'paracaídas'. Para establecer una relación, te ruego que sigas lo que te pide (es decir, reverenciarle y adorarle en sábado).

El segundo mensaje dice: cualquier cosa fuera de Él es Babilonia, un sistema de confusión, simplemente definido como un sistema de creencias basado en leyes y tradiciones creadas por el hombre. Este sistema de confusión ha caído o se ha derrumbado. Si el sistema ha caído, sal y ve a Él, quien es la Verdad.

El tercer mensaje dice: aquellos que eligen quedarse en Babilonia están adorando a la bestia y su imagen, y así reciben su marca, la marca de la bestia. Los marcados luego reciben la ira de Dios, que son las siete últimas plagas.[178] No puedo repetir esto lo suficiente: porque Jesús ya incurrió esta ira, nadie que acepte su muerte a cambio de la suya tiene que recibir esta ira. El grupo que rechaza el paquete de rescate de Dios, se contrasta con un grupo que acepta ser rescatado. Los rescatados se caracterizan por guardar sus mandamientos (los diez) y tener la fe de Jesús.[179] Dos grupos, uno es mundano y tiene la marca, el otro es espiritual y tiene la señal de Dios. ¿En qué grupo te gustaría estar?

Para simplificar las cosas, volvamos a nuestra alegoría del avion. Si el avión está cayendo y eliges ignorar la advertencia, caerás con él y dejarás de existir. Pero si prestas atención a la advertencia y eliges atarte el paracaídas, quien es Jesús, serás salvo. Atar el paracaídas a tu cuerpo es la clave. Tu paracaídas y tú deberían ser uno. Otros han oído hablar del paracaídas, pero ¿de qué sirve saber que está debajo del asiento y no usarlo? ¡Quieres saber cómo usarlo antes de que sea el momento de saltar! En un avión que cae, ¡me aseguraría de estudiar ese paracaídas lo antes posible! Es el paracaídas lo que te salva, no tus buenas obras. Quiero decir, no importa lo fuerte que muevas los brazos, vas hacia abajo. Mucha gente saben de Jesús, pero pocos lo conocen personalmente. Cuando permites que Jesús viva en ti, es Él quien te salva, es Él quien hace el trabajo, es Él a quien verán los que te rodean. Tu vida no solo proclamará, sino que revelará y demostrará al Hijo de Dios en ti.[180]

Después de leer esta carta, tienes una nueva opción. No hacer nada significa que te quedarás en Babilonia. Eso significa que no crees que Dios valga la pena para salir de Babilonia. En otras palabras, Babilonia tiene más valor para ti. Como se mencionó anteriormente, la batalla final se trata de a quién adoras, y este tercer mensaje lo ratifica. Como el Primer Mensaje, el Tercer Mensaje también menciona la palabra adoración. En resumen, dice: si alguno adora a la bestia ya su imagen, y recibe su marca en la frente o en la mano, incurrirá la ira de Dios sin misericordia, atormentado con fuego y azufre.

Lo que estoy tratando de decir es que permanecer en Babilonia significa que, por defecto, adorarás a la bestia,[181] y su imagen, que pronto obligará al mundo a maravillarse con él.[182] Ahora bien, si tu objetivo en la vida fuera marcar a las personas, ¿cómo lo harías ? Seas de una religión o no, la bestia unirá a todos persuadiendo a los gobiernos del mundo para que hagan del domingo un día de descanso.

¿Quién es la bestia? La bestia puede ser un jefe de estado o un país.[183] La bestia es el que ocupó el lugar de Dios en la tierra,[184] afirmando que puede perdonar el pecado,[185] se atrevió a cambiar las leyes (es decir, quitando el segundo mandamiento[186] y dividiendo el décimo en dos mandamientos) y cambiar tiempos (es decir, reemplazó el sábado por el domingo). El domingo es su marca,[187] y su propia ley.[188] La bestia, mi querido amigo, es la sede del papado, esto significa su oficio, no necesariamente un hombre.[189] La mayoría de la gente se sorprende al saber que el primer individuo que identificó la oficina papal como anticristo fue un papa. Sí, el Papa Gregorio Magno (540-604), que fue el último de los cuatro Doctores de la Iglesia originales y que se conoció como

San Gregorio. Al final del período de la antigua iglesia, dijo que la siguiente enseñanza de la iglesia provenía del espíritu de anticristo, escribió: "Afirmo con confianza que quien se llama a sí mismo obispo universal o desea ser llamado así es en su orgullo un precursor del anticristo..."[190] "Sucedió de nuevo en los siglos XIII y XIV, cuando tres papas afirmaron ser el 'verdadero' Papa, llamándose 'anticristo' y excomulgándose mutuamente hasta que un cuarto Papa asumió el cargo.[191]

Definimos la bestia, pero ¿quién es la imagen? Una imagen de algo o alguien es como una copia del original. Piensa en un espejo. En este caso, la imagen representa a otro cuerpo eclesiástico, que tiene el poder de influir en los poderes civiles. Para responder claramente, la imagen es el protestantismo apóstata[192] que está muy listo para convertirse en la imagen del papado, quien finalmente influirá en la nación de los Estados Unidos para que la nacion haga la voluntad del papado. ¿Sorprendido? Considera cómo el papado busca en ecumenismo. En palabras del Papa, esta: "tratando de unir a la iglesia consigo misma, a los cristianos de las iglesias protestante y católica."[193] Considera también cómo el presidente Trump derogó recientemente la Enmienda Johnson. Esta enmienda habia impedido que las iglesias influyeran en la política, pero desde mayo de 2017, las iglesias ahora tienen voz en la política. En otras palabras, este amado país nuestro pronto hará una imagen de la bestia y usará su poder civil para promulgar sus leyes. Debido a todo lo que está sucediendo en nuestra nación, pronto, muy pronto, Estados Unidos, a través del protestantismo, dará la bienvenida a los llamados del papado a legislar el domingo cual es su marca, como un día nacional de descanso para calmar la tierra y clima a través de una ley que es contraria a la ley de Dios.

¿Qué significa recibir la marca en la frente y en la mano? Primero es bueno aclarar que la marca de la bestia no es un microchip en la piel o un código de barras. La marca de la bestia es la exaltación de las tradiciones religiosas humanas en lugar de los mandamientos de Dios. Como hemos visto ahora, un sistema de adoración falso (es decir, el domingo) finalmente intentará sustituir al sábado.

Pero, ¿cómo quedará en la frente y la mano? En la frente representa la mente,[194] donde están los pensamientos. En el pensamiento, podemos elegir ser obedientes o desobedientes a lo que Dios nos está pidiendo para salvarnos, como se revela en esta carta. La marca llegará a aquellos que decidan guardar el domingo como un día santo cuando se convierta en una ley civil. La desobediencia es simplemente rebelión (o deslealtad) contra el gobierno de Dios. Elegir el domingo es ir encontra de Su Ley. "En la mano" implica nuestras acciones. Los pensamientos resultan en acciones. En este caso, la acción está en observar el domingo. La buena noticia es que puedes proponerte en tu mente aceptar y hacer la voluntad de Dios antes de que sea demasiado tarde.

Para terminar, me gusta recordar nuestra alegoría del avión. Ahora que te compartí el componente espiritual, esta alegoría tendrá mucho más sentido. Al prestar atención a las señales, vemos claramente que hay un problema crítico con el avión. Aunque el piloto ha optado por no comunicar la situación a través del intercomunicador, yo como tu servidor[195] y asistente de vuelo te he notificado del accidente inminente y te he pedido que busques el manual de evacuación (es decir, tu Biblia) en el bolsillo de tu asiento para ayudarlo a prepararse. El manual apuntará a tu paracaídas (es decir, Jesús), espero que ahora lo tengas contigo. Aunque tu decisión de usar el paracaídas hará que tu viaje sea menos cómodo e incluso serás ridiculizado por otros pasajeros, comprendes los tiempos turbulentos y, por lo tanto, sabes qué hacer. No lo usas para encontrar alegría, lo usas para ser salvo y la salvación trae alegría. Te preguntas ¿debería guardarme esta información para mí mismo?

El famoso ateo Penn Jillette comentó una vez: "¿Cuánto tienes que odiar a alguien para creer que la vida eterna es posible y no decirle eso?"[196] Entonces, en nombre del amor, recorres el pasillo hacia los baños, pero te das cuenta de que las otras azafatas y mosos de servicio navegan distraídamente en Facebook e Instagram en sus teléfonos. Hablas con ellos, pero aparentemente ven las cosas de manera diferente cuestionando tu decisión de usar un paracaídas, persuadiéndote de que te lo quites, diciendo que es solo una pequeña incidencia de turbulencia que pronto pasará y que el paracaídas es una reacción exagerada de tu parte que asusta a los demás pasajeros. Aunque están vestidos de uniforme y parecen dignos de confianza, empiezas a valorar sus opiniones y siendo ellos la mayoria, por un momento empiezas a dudar de tus propias creencias. Excepto por el ruido del fuselaje y lo que lees en el manual de evacuación rápidamente te devuelve a la realidad. ¿Cómo pueden estar tan confundidos? Peor aún, su negligencia confunde a los demás. Cuando regresas a tu asiento, ves familias encantadoras a tu alrededor. Esperas persuadirlos de que vayan a buscar su manual de evacuación, pero los hombres, mujeres y niños aparentemente estan totalmente hipnotizados por las películas con las que se entretienen; algunos incluso tenían auriculares con cancelación de ruido y otros estaban completamente inmersos en sus videojuegos. Regresas a tu asiento y levantas la persiana de la ventana para observar el progreso de las señales, pero tus dos vecinos se quejan porque uno no puede ver su película por que ahora entra luz del sol, y el otro simplemente interrumpiste su siesta de la tarde. Miras por encima del asiento que tienes delante y notas que una azafata sirve alcohol a varios pasajeros, "calmando" sus temores de volar. Te parece que la mayoría de la gente no se da cuenta y algunos están confundidos acerca de la situación. ¿Qué haces? ¿Intentas decirles lo que te dije? ¿Te escucharán? ¿Importa si te rechazan y se burlan de ti? Comienzas con tu vecino y luego con otros pasajeros a tú alrededor, pero todos piensan que estás loco y para de oirte. Te sientes impotente, pero ¿cómo puedes dejarlo así? Las almas están en juego aquí. Entonces, escribes una carta de advertencia de una manera que esperas que llegue a todos los que te rodean, para despertarlos y ayudarlos a comprender las malas y buenas consecuencias de sus opciones y decisiones, lo titulas "Porque Te Amo."

Esta es la situación actual del mundo de hoy, confundido por las filosofías y religiones diluidas del mundo, esoterismo, hollywood, avaricia, narcóticos, vanidad, adicciones, redes sociales, orgullo, sobrealimentación, holgazanería, amor al dinero y material, etc. Somos un pueblo dormido en un avión que cae. Es por esta razón que Dios ha dado este terrible mensaje en Su Biblia, nuestro manual de evacuación. También ha permitido que las senales se escuchen en voz alta y ha levantado una gente para que transmita los Tres Mensajes antes del próximo final. Por amor, Dios permite que ciertas cosas en nuestras vidas nos despierten y nos pongan sobrios, porque el avión en el que viajamos está a punto de llegar a su fin.

Mi apelación para ti, mi querido amigo y amiga, hermano, hermana, padre y madre, es que te pongas el paracaídas, es decir, que arregles las cosas con Dios en la forma en que lo prescribió a través de esta carta mientras aún podamos, y estudiemos seriamente Su manual para conocerlo personalmente como un Amigo. Mi mayor deseo es que encontremos un escape y lleguemos a ser salvos para alcanzar la vida eterna, tú y yo con nuestro Creador, para siempre, porque te amo.

Tu amigo,

Rolando.

Because I Love You / Porque Te Amo

Because I Love You / Porque Te Amo

Appendix

---

[1] Anton Lavey, founder of the Church of Satan, called television the "satanic family altar." Institute for Creation Research, "Know the Enemy."

[2] "And of the children of Issachar, which were men that had understanding of the times, to know what Israel ought to do; the heads of them were two hundred; and all their brethren were at their commandment." 1 Chronicles 12:32. "Considering the times we're living in, it's high time to wake up, because our lives might end sooner than we think." Romans 13:11. CW. "Indeed, it has begun already; the judgments of God are now upon the land, to give us warning, that we may know what is coming." Maranatha, July 11.

[3] "But of that day and hour knoweth no man, no, not the angels of heaven, but my Father only." Matthew 24:36

[4] "And ye shall hear of wars and rumours of wars: see that ye be not troubled: for all these things must come to pass, but the end is not yet. For nation shall rise against nation, and kingdom against kingdom: and there shall be famines, and pestilences, and earthquakes, in divers places. All these are the beginning of sorrows." Matthew 24:6-8.

[5] The Greek word for Revelation is Apokalypsis, which literally means "taking away the veil."

[6] "And I saw another angel fly in the midst of heaven, having the everlasting gospel to preach unto them that dwell on the earth, and to every nation, and kindred, and tongue, and people, Saying with a loud voice, Fear God, and give glory to him; for the hour of his judgment is come: and worship him that made heaven, and earth, and the sea, and the fountains of waters." Revelation 14:6-

Because I Love You / Porque Te Amo

7.

[7] "Most men will proclaim every one his own goodness: but a faithful man who can find?" Proverbs 20:6

[8] "For all have sinned, and come short of the glory of God;" Romans 3:23

[9] "God forbid: yea, let God be true, but every man a liar; as it is written, That thou mightiest be justified in thy sayings, and mightest overcome when you are judged." Romans 3:4

[10] The Good Person test, plane and parachute concept are from Living Waters Ministries.

[11] Merriam Webster's Dictionary defines it as: the act of insulting or showing contempt or lack of reverence for God. The act of claiming the attributes of a deity. Irreverence toward something considered sacred or inviolable.

[12] "But I say unto you, That whosoever looketh on a woman to lust after her hath committed adultery with her already in his heart." Matthew 5:28

[13] "Whoever does not love does not know God, because God is love." 1 John 4:8

[14] "But God, who is rich in mercy, for his great love wherewith he loved us," Ephesians 2:4

[15] Jesus, the Son of God, also called Himself the Son of Man

[16] There are many gospels out there, but the word everlasting implies there is only one gospel to save mankind that will exist as long as there men and women to be saved. There will never be another gospel.

[17] "The fear of the Lord is the beginning of wisdom: and the knowledge of the holy is understanding." Proverbs 9:10. Also Proverbs 1:7

[18] "Whosoever committeth sin transgresseth also the law; for sin is the transgression of the law." 1 John 3:4

[19] "Ask, and it will be given to you; seek, and you will find; knock, and it will be opened to you." "Therefore I say to you, whatever things you ask when you pray, believe that you receive them, and

Because I Love You / Porque Te Amo

you will have them." Matthew 7:7-8; Mark 11:24.

[20] "The fear of the LORD is to hate evil: pride, and arrogancy, and the evil way, and the froward mouth, do I hate." Proverbs 8:13. This implies love is to do right. Psalm 119:172 says His commandments are righteousness; the word righteousness means doing right. His commandments are the revelation of His character, that is, who He is. Jeremiah 23:6.

[21] "And God said, Let us make man in our image, after our likeness:..." Genesis 1:26

[22] "Whoever does not love does not know God, because God is love." 1 John 4:8

[23] We become His friends if we do what He asks of us says John 15:14

[24] "But the fruit of the Spirit is love, joy, peace, forbearance, kindness, goodness, faithfulness, gentleness and self-control. Against such things there is no law." Galatians 5:22-23

[25] "I have been crucified with Christ; and it is no longer I who live, but Christ lives in me; and the life which I now live in the flesh I live by faith in the Son of God, who loved me and gave Himself up for me." Galatians 2:20. "He must increase, but I must decrease." John 3:30.

[26] "A good man brings good things out of the good stored up in his heart, and an evil man brings evil things out of the evil stored up in his heart. For the mouth speaks what the heart is full of." Luke 6:45

[27] Exodus 32

[28] "Thou art worthy, O Lord, to receive glory and honour and power: for thou hast created all things, and for thy pleasure they are and were created." Revelation 4:11

[29] Not sabbaths in plural which means other rest days. Typically these other sabbath days are related to the ceremonial laws. For example, Passover has a few holidays throughout the week, they are referred to as sabbaths. After the cross, one is not required to observe these sabbaths days (i.e. ceremonial sabbaths) for they

were shadows of Him who was to come. The 7th day Sabbath however is not a Ceremonial Law, it's a Moral Law as it is found in the Ten Commandments.

[30] Exodus 3:5; 29:43-46; Joshua 5:13-15

[31] "Not everyone who says to me, 'Lord, Lord,' will enter the kingdom of heaven, but only the one who does the will of my Father who is in heaven. Many will say to me on that day, 'Lord, Lord, did we not prophesy in your name and in your name drive out demons and in your name perform many miracles?' Then I will tell them plainly, 'I never knew you. Away from me, you evildoers!'" Matthew 7:21-23. These are the most terrifying words a professing Christian could ever hear.

[32] Some say the Law was nailed to the cross. The Ceremonial Laws were indeed nailed to the cross. The Moral Law or the 10 Commandments however, were not done away with, for they are eternal. "It is easier for heaven and earth to pass away than for one dot of the Law to become void, Luke 16:17.

[33] "If thou turn away thy foot from the sabbath, from doing thy pleasure on my holy day; and call the sabbath a delight, the holy of the Lord, honourable; and shalt honour him, not doing thine own ways, nor finding thine own pleasure, nor speaking thine own words:" Isaiah 58:13, and "Therefore the Son of man is Lord also of the sabbath." Mark 2:28

[34] "Also I gave them my Sabbaths as a sign between us, so they would know that I the Lord made them holy." "Keep my Sabbaths holy, that they may be a sign between us. Then you will know that I am the Lord your God." Ezekiel 20:12, 20, "It will be a sign between me and the Israelites forever, for in six days the Lord made the heavens and the earth, and on the seventh day he rested and was refreshed.'" Exodus 31:17

[35] "And on the seventh day God ended his work which he had made; and he rested on the seventh day from all his work which he had made.

And God blessed the seventh day, and sanctified it: because that in

Because I Love You / Porque Te Amo

---

it he had rested from all his work which God created and made." Genesis 2:2-3

[36] "The pope is of so great authority and power that he can modify, explain, or interpret even divine laws..." Translated from Lucius Ferraris, Prompta Bibliotheca, "Papa," art. 2. "It pleased the church of God, that the religious celebration of the Sabbath day should be transferred to 'the Lord's day." Catechism of the Council of Trent, published by the Vatican Press, by order of Pope Pius V in 1566. Daniel 7:25 talks of the Little Horn, also known as the Anti-Christ exalting himself above God through the act of changing God's laws and times, wearing out those (i.e. the faithful) that stand for truth. The Sabbath is a law that regards time. For those that exalt their own ideas above the Bible, or minimize the Scripture to them applies a solemn warning detailed in Revelation 22:18-19

[37] Some say Sunday is a memorial of Christ's resurrection. But Romans 6:3-5 tells us that the memorial Christ left us for His resurrection is the ordinance of baptism. Baptism is the likeness of His resurrection. Sabbath is a memorial, not of the resurrection, but of Creation.

[38] Albert Smith, Chancellor of the Archdiosece of Baltimore, replying for the Cardinal in a letter of Feb. 10, 1920, confirming Sunday is a Catholic law.

[39] The Catholic Record of September 1, 1923, puts it this way: "Sunday is our mark of authority....The church is above the Bible, and this transference of sabbath observance is proof of that fact."

[40] In the ancient religions of the world, when Nimrod, the king of Babylon died, he became one with the sun. Semiramus, his widowed wife later gives birth to a son, whom she claims is Nimrod reincarnate to save the world. The child was called the "sun god," and Semiramus the "queen of heaven." Burning incense to the 'queen of heaven' provokes the Lord's anger, according to Jeremiah 7 and 44. The mother and child have been deified throughout history through different names. For Nimrod: Ninus,

Because I Love You / Porque Te Amo

Tammuz, Horus, Iswara, Plutus, Jupitor-puer, Adurnis, Balder, Baal, Mithra, Dionysus, Vishna, Osiris. For Semiramus: Rhea, Ishtar, Astarte, Beltis, Isis, Isi, Shing-moo, Ceres, Irene, Fortuna, Venus, Frigga, Ashtoreth. Today in the Vatican you can find the statues of Roman deities but they have been renamed Mary, Jesus and each of the apostle's names.

[41] Historically, popes have exalted themselves by accepting to received titles such as "Lord God the Pope." Extravagantes of Pope John XXII, title 14, ch. 4, Declaramus. In Corpus Juris Canonici, Pope Innocent III declares that the Roman Pontiff is "the vice-regent upon earth, not a mere man, but of very God." Sunday therefore is the pope's holy day.

[42] 'The Sabbath day is the Sabbath of the Lord thy God,' Exodus 20:10

[43] "And Jesus answering said unto them, Render to Caesar the things that are Caesar's, and to God the things that are God's. And they marvelled at him." Mark 12:17

[44] In 538 AC the Bishop of Rome is declared the head of the entire church and takes control of the Roman Empire. Church and state unites. This ushers 1,260 years of papal oppression, and persecution is executed through the civil arm of the Empire against those that chose to worship differently. The victims were referred to as heretics. Heresy comes from the Latin "haeresis" which simply means: choice. Though a harmless label, heretics were eventually deemed to be rebels, the word was later thought as "a mortal threat to mankind and society, treason against God, and had to be punished with death." From the American Documentary Television Series: "The Inquisition" from History's Mysteries; The History Channel.

[45] "And he gave unto Moses, when he had made an end of communing with him upon Mount Sinai, two tables of testimony, tables of stone, written with the finger of God." Exodus 31:18, and "And he gave unto Moses, when he had made an end of communing with him upon mount Sinai, two tables of testimony,

Because I Love You / Porque Te Amo

---

tables of stone, written with the finger of God" Deuteronomy 9:10
[46] Emperor Constantine, March 7, 321 A.D., and soon after adopted by the Catholic Church through the Council of Laodicea in 363-364 A.D which outlawed the keeping of the 7th day Sabbath.
[47] The Society of Jesus, whose members are called Jesuits is a religious order of the Catholic Church, formed in 1540 to counter the Reformation. Two men were hired to reinterpret the prophecies that unequivocally revealed the seat of the Pope to be the "little horn," "the beast," and "the man of sin." In other words, the Anti-Christ. Anti-Christ simply means, he who stands in the place of Christ. People were leaving the Mother Church in flocks. Their job was to bring people back through the theology of Preterism by Luis de Alcasar, but most popular is Francisco Ribera's Futurism. Though they were not successful back then, their theology has been revived through the Left Behind series, and now commonly adopted amongst Catholics and Protestants alike.
[48] God's love language is obedience. "But Samuel replied, "What pleases the LORD more? Burnt offerings and sacrifices, or obeying him? It is better to obey than to offer a sacrifice. It is better to do what he says than to offer the fat of rams." 1 Samuel 15:22
[49] Proverbs 6:16-19 describes 'Pride' as the first thing the Lord hates.
[50] "If sinners will be damned, at least let them leap to hell over our bodies." Charles Spurgeon
[51] "I have told you now before it happens. Then when it does happen, you will believe." John 14:29
[52] "And there followed another angel, saying, Babylon is fallen, is fallen, that great city, because she made all nations drink of the wine of the wrath of her fornication." Revelation 14:8
[53] "That is why it was called Babel—because there the LORD confused the language of the whole world. From there the LORD scattered them over the face of the whole earth." Genesis 11:9
[54] God's Laws are transcripts of His character. To reject His Law is to reject who He is.

Because I Love You / Porque Te Amo

---

[55] Aleister Crowley, called by the BBC the "wickedest man in the world," was also known to be the "chief of Satanists." In his book "The Book of the Law" his main philosophy is summed up in this quote: "Do as thou wilt shall be the whole law."

[56] Making Church function as a wealthy business enterprise. Also borrowing worldly strategies to help it attract new members. The use of Church buildings to have worldly rock and pop concerts such as Hillsong, and other kinds of entertainment attract newcomers based on amusements (feelings and emotions), not on truth (principles). Many join based on the premise that Christianity promises a happier life, but Christianity is not about a happier life, it's about getting saved, and it's through salvation that we find joy. Because many 'sell' Christianity as a happy life alternative, 90% of newcomers end up leaving when they can't find it, and those that remain are but nominal members. Christianity without power is what some call a religion. What people need is not a religion, but a relationship based on principles not emotions.

[57] Pagan customs that entered the church: Sun worship an abomination as detailed in Ezekiel 8:16-17, prayers to saints and resorting to the pope when our only mediator is Jesus according to 1 Timothy 2:5 and Hebrews 4:16, infant baptism when the only example in the Bible of people getting baptized is at a mature age as it was with Jesus getting baptized at the age of 30 in Matthew 3:16, confession of sins to a priest and acts of penance to atone are counter to Romans 1:17 where we are justified by faith, prayers in vain repetition are forbidden in Matthew 6:7, none but God can offer forgiveness for sins says Mark 2:3-7, image and relic worship transgresses Exodus 20: 4-6, etc.

[58] The Apostle Paul had something to say about this while he was alive, he said: "The mystery of iniquity doth already work." 2 Thessalonians 2:7. As early as the first century, Paul saw a deadly trend in the church —a trend of drifting away from Scripture and God's law. Satan was already at work, using forces within the Church to destroy it.

⁵⁹ Apostasy: embracing an opinion that is contrary to one's previous religious beliefs. Total desertion of or departure from one's religion, principles, party, cause, etc.
⁶⁰ According to National Post, "It is impossible to calculate the wealth of the Roman Catholic Church." The seat of the pope is the head of probably the wealthiest institution the world has ever seen. Consider the vast amounts of real estate worldwide, Vatican Bank, and the fact it has its own country, Vatican State.
⁶¹ "The woman was given the two wings of a great eagle, so that she might fly to the place prepared for her in the wilderness, where she would be taken care of for a time, times and half a time, out of the serpent's reach." Revelation 12:14
⁶² https://www.sabbathtruth.com/sabbath-history/sabbath-through-the-centuries/id/999/1st-century
⁶³ "With whom the kings of the earth have committed fornication, and the inhabitants of the earth have been made drunk with the wine of her fornication." Revelation 17:2
⁶⁴ "And there appeared a great wonder in heaven; a woman clothed with the sun, and the moon under her feet, and upon her head a crown of twelve stars:" Revelation 12:1
⁶⁵ Humility, self-denial, and renunciation of the world to share the Gospel.
⁶⁶ Faithful Catholic members such as Martin Luther, a monk who earnestly tried to reform the Church's errors. Despite demonstrating her errors through Scripture, the Church chose to abide to tradition and accused him of heresy. In the end, Luther had to make a choice, to stay in error and live, or come out of Babylon at the cost of his life. Luther stood firm and chose the latter alternative. Though persecuted for his life, he was able to escape.
⁶⁷ 'Pope John Paul II Makes Unprecedented Apology for Sins of Catholic Church.'
http://transcripts.cnn.com/TRANSCRIPTS/0003/12/sm.06.html
⁶⁸ Historians believe the church destroyed at least 50 million lives

Because I Love You / Porque Te Amo

---

over matters of religious conviction. That means, they were persecuted for choosing to believe differently.

[69] "And there followed another angel, saying, Babylon is fallen, is fallen, that great city, because she made all nations drink of the wine of the wrath of her fornication." Revelation 14:8 and "With whom the kings of the earth have committed fornication, and the inhabitants of the earth have been made drunk with the wine of her fornication." Revelation 17:2

[70] Quintus Septimius Florens Tertullianus; c. 155 – c. 240? AD) was a prolific early Christian author from Carthage in the Roman province of Africa. Of Berber and Phoenician origin, he was the first Christian author to produce an extensive corpus of Latin Christian literature. He was an early Christian apologist and a polemicist against heresy, including contemporary Christian Gnosticism. Tertullian has been called "the father of Latin Christianity" and "the founder of Western theology." Tertullian applied the biblical figure of Babylon to the city of Rome and her domination. He portrayed Rome as drunk with the blood of martyred saints.https://en.wikipedia.org/wiki/Tertullian#CITEREFFroom1950

Peter also said this: "The church that is in Babylon, elected together with you, saluteth you; and so doth Marcus my son." 1 Peter 5:13. There is no tradition that Peter went to Babylon, and in his day it was virtually deserted. On the other hand, tradition consistently indicates that Peter spent the last years of his life in Rome. As a center of idolatry, the term "Babylon" was an appropriate figurative designation for Rome (cf. Rev. 17; 18).

[71] The writer of the Jewish Midrash Rabbah, on S. of Sol. 1:6, says, "They called the place Rome Babylon" (Soncino ed., p. 60).

[72] "Behold, your house is left unto you desolate." Matthew 23:38

[73] "Ye serpents, ye generation of vipers, how can ye escape the damnation of hell?" Matthew 23:33

[74] "I am the way, and the truth, and the life" John 14:6

[75] "In the beginning was the Word, and the Word was with God, and the Word was God. He was with God in the beginning.

Because I Love You / Porque Te Amo

Through him all things were made; without him nothing was made that has been made." John 1:1-3

[76] Many proclaim to have the truth, but if their message is not in harmony "to the law and to the testimony, and speak not according to this word, it's because there is no light in them." Isaiah 8:20-22

[77] "Flee from Babylon! Run for your lives! Do not be destroyed because of her sins. It is time for the LORD's vengeance; he will repay her what she deserves." Jeremiah 51:6

[78] "Ye are my friends, if ye do whatsoever I command you." John 15:14

[79] "And the third angel followed them, saying with a loud voice, If any man worship the beast and his image, and receive his mark in his forehead, or in his hand, The same shall drink of the wine of the wrath of God, which is poured out without mixture into the cup of his indignation; and he shall be tormented with fire and brimstone in the presence of the holy angels, and in the presence of the Lamb: And the smoke of their torment ascendeth up for ever and ever: and they have no rest day nor night, who worship the beast and his image, and whosoever receiveth the mark of his name. Here is the patience of the saints: here are they that keep the commandments of God, and the faith of Jesus." Revelation 14:9-12

[80] Revelation 15

[81] Revelation 14:12 says "faith of Jesus." Revelation 12:17 says "the testimony of Jesus." The former suggests we have the same faith Jesus had when He lived on earth, always connecting to the Father, and the Father living in Jesus. The latter is what happens when we let Jesus live in us, our lives are testimony of Him to the onlooker. They are one and the same.

[82] Righteousness by faith: "God did that to prove in our own time that he is fair. He proved that he is right. He also made right with himself those who believe in Jesus. Romans 3:26, and "Noah had faith. So he built an ark to save his family. He built it because of his great respect for God. God had warned him about things that

could not yet be seen. Because of his faith he showed the world that it was guilty. Because of his faith he was considered right with God." Hebrews 11:7

[83] "People worshiped the dragon, because he had given authority to the beast. They also worshiped the beast. They asked, "Who is like the beast? Who can make war against him?"" Revelation 13:4

[84] "One of the beast's heads seemed to have had a deadly wound. But the wound had been healed. The whole world was amazed and followed the beast." Revelation 13:3

[85] King or Kingdom: "These great beasts, which are four, are four kings, which shall arise out of the earth." Daniel 7:17. "Here's how the angel explained it to me. He said, 'The fourth animal stands for a fourth kingdom. It will appear on earth. It will be different from the other kingdoms. It will eat up the whole earth. It will stomp on it and crush it." Daniel 7:23.

[86] Historically, popes have exalted themselves by accepting to received titles such as "Lord God the Pope." Extravagantes of Pope John XXII, title 14, ch. 4, Declaramus. In Corpus Juris Canonici, Pope Innocent III declares that the Roman Pontiff is "the vice-regent upon earth, not a mere man, but of very God." Sunday therefore is the pope's holy day.

[87] 'Blaspheme' is a Biblical word that applies to anyone who impersonates God, assumes His authority, or presumes to exercise the special privileges belonging to Him alone. Consider the following claim in The Catholic Priest, pp. 78 and 79: "Seek where you will, through heaven and earth, and you will find but one created being who can forgive the sinner....That extraordinary being is the priest, the [Roman] Catholic Priest." Mark 2:7 says only God can forgive sins.

[88] Exodus 20:4-6 regards images: "You shall not make for yourself an image in the form of anything in heaven above or on the earth beneath or in the waters below. You shall not bow down to them or worship them; for I, the Lord your God, Am a jealous God, punishing the children for the sin of the parents to the third and

fourth generation of those who hate me, but showing love to a thousand generations of those who love me and keep my commandments."

[89] The Catholic Record of September 1, 1923, puts it this way: "Sunday is our mark of authority....The church is above the Bible, and this transference of Sabbath observance is proof of that fact."

[90] Albert Smith, Chancellor of the Archdiosece of Baltimore, replying for the Cardinal in a letter of Feb. 10, 1920, confirming Sunday is a Catholic law.

[91] The above conclusion is not a novel one. "The most respected and influential Christians who have ever lived came to that same conclusion. They were sincere, intensely earnest, and honest men who based their conclusions on the prophecies of the Bible. Men like Wycliffe, Tyndale, Luther, Calvin, Cranmer; in the 17th century, Bunyan, the translators of the KJV Bible and the men who published the Westminster and Baptist confessions of Faith; Sir Isaac Newton, Wesley, Whitfield, Jonathan Edwards; and more recently Spurgeon, Bishop J.C. Ryle and Dr. Martin Lloyd Jones. These men and countless others, all saw the office of the Papacy as the antichrist." Michael de Semlyen, All Roads Lead to Rome, p. 205.

[92] Sermons on the Creed of Pope Pius IV., preached in St. Thomas's Church, Dublin. Griffin, John Nash. Pg. 416

[93] Western Schism, Roman Catholic History. brittanica.com

[94] By the adoption and exercise of the mark that is Sunday, a Catholic law. Also apostate because the very essence of Protestantism has degenerated since the days of the Reformers. "Instead of standing in defense of the faith they once stood by, they are now, as it were, apologizing to Rome for their uncharitable opinion of her, begging pardon for their bigotry. GC 571.4

[95] 'Pope John Paul II Makes Unprecedented Apology for Sins of Catholic Church.'
http://transcripts.cnn.com/TRANSCRIPTS/0003/12/sm.06.html

Because I Love You / Porque Te Amo

---

[96] "This is the covenant I will make with them after that time, says the Lord. I will put my laws in their hearts. I will write my laws on their minds." Hebrews 10:16 from Jeremiah 31:33

[97] Service, also called Medical Missionary work simply means Christian benevolent works, shall be the final work.

[98] Jillette further added: "And I've always said that I don't respect people who don't proselytize. I don't respect that at all." Moore, Art. "Mystery Man Who Gave Bible to Famous Atheist Revealed." September 14, 2020. Living Waters.

[99] Anton Lavey, fundador de la Iglesia de Satánica, llamó a la televisión el "altar familiar satánico" Instituto para la Investigación de la Creación, "Conozca al enemigo."

[100] "Y de los hijos de Isacar, que eran hombres entendidos de los tiempos, para saber lo que debía hacer Israel; sus cabezas eran doscientos, y todos sus hermanos estaban a sus mandamientos." 1 Crónicas 12:32. "Teniendo en cuenta los tiempos que estamos, es hora de despertar, porque nuestras vidas podrían terminar antes de lo que pensamos." Romanos 13:11. CW. "De hecho, ya ha comenzado; los juicios de Dios están ahora sobre la tierra, para advertirnos, para que sepamos lo que viene." Maranatha, 11 de julio.

[101] "Pero del día y la hora nadie sabe, ni aun los ángeles del cielo, sino mi Padre solamente." Mateo 24

[102] "Y oiréis de guerras y de rumores de guerras; mirad que no os dejéis llevar por los problemas; porque es necesario que todas estas cosas sucedan, pero aún no es el fin. Porque se levantará nación contra nación, y reino contra reino; y habrá hambre, pestilencia y terremotos en diversos lugares. Todos estos son el comienzo de los dolores." Mateo 24:6-8.

[103] La palabra griega para Apocalipsis es Apokalypsis, que literalmente significa "quitar el velo."

[104] "Y vi volar a otro ángel por en medio del cielo, con el evangelio eterno para predicarlo a los moradores de la tierra, a toda nación, tribu, lengua y pueblo, que decía a gran voz: Temed a Dios y dadle

gloria; porque ha llegado la hora de su juicio; adorad al que hizo los cielos y la tierra, el mar y las fuentes de las aguas." Apocalipsis 14:6-7.

[105] "La mayoría de los hombres proclamarán cada uno su propia bondad: pero un hombre fiel, ¿quién puede encontrar?" Proverbios 20:6

[106] "Por cuanto todos pecaron, y están destituidos de la gloria de Dios;" Romanos 3:23

[107] "Dios no lo quiera: sí, sea Dios veraz, pero todo hombre mentiroso; como está escrito: Para que seas justificado en tus dichos, y vencerás cuando seas juzgado." Romanos 3:4

[108] La prueba de la Buena Persona, el concepto del Avión y Paracaídas es original del ministerio 'Living Waters.'

[109] El Diccionario Merriam Webster lo define como: el acto de insultar o despreciando o la falta de temor de Dios. El acto de reclamar los atributos de un dios. Irreverencia hacia algo considerado sagrado o inviolable.

[110] "Pero yo os digo que cualquiera que mira a una mujer para codiciarla, ya adulteró con ella en su corazón." Mateo 5:28

[111] "El que no ama no conoce a Dios, porque Dios es amor." 1 Juan 4:8

[112] "Pero Dios, que es rico en misericordia, por su gran amor con que nos amó," Efesios 2:4.

[113] Jesús, el Hijo de Dios, también se llamó a sí mismo el Hijo del Hombre.

[114] Hay muchos evangelios, pero la Palabra eterna implica que solo hay un evangelio para salvar a la humanidad que existirá mientras haya hombres y mujeres para ser salvos. Nunca habrá otro evangelio.

[115] "El temor del Señor es el principio de la sabiduría, y el conocimiento de lo santo es el entendimiento." Proverbios 09:10. También Proverbios 1:7

[116] "Todo aquel que comete pecado, infringe también la ley; porque el pecado es infracción de la ley. " 1 Juan 3:4

Because I Love You / Porque Te Amo

---

[117] "Pide, y se te dará; Busca y encontraras; llama, y se te abrirá." "Por eso les digo que todo lo que pidan cuando oran, crean que lo reciben y lo tendrán." Mateo 7: 7-8; Marcos 11:24.

[118] "El temor del SEÑOR es aborrecer el mal: el orgullo, y la soberbia, y el mal camino y la boca perversa, aborrezco." Proverbios 8:13. Esto implica que el amor es hacer el bien. El Salmo 119:172 dice que sus mandamientos son justicia; la palabra justicia significa hacer lo correcto. Sus mandamientos son la revelación de su carácter, es decir, quién es El. Jeremías 23:6.

[119] "Y dijo Dios: Hagamos al hombre a nuestra imagen, conforme a nuestra semejanza: ..." Génesis 1:26

[120] "El que no ama no conoce a Dios, porque Dios es amor." 1 Juan 4:8

[121] Nos convertimos en sus amigos si hacemos lo que nos pide, dice Juan 15:14

[122] "Pero el fruto del Espíritu es amor, gozo, paz, paciencia, benignidad, bondad, fidelidad, mansedumbre y dominio propio. Contra tales cosas no hay ley." Gálatas 5:22-23

[123] "Con Cristo he sido crucificado; y ya no soy yo quien vive, sino Cristo vive en mí; y la vida que ahora vivo en la carne, la vivo por la fe en el Hijo de Dios, quien me amó y se entregó a sí mismo por mí." Gálatas 2:20. "Él debe aumentar, pero yo debo disminuir." Juan 3:30.

[124] "El hombre bueno saca lo bueno de lo bueno que tiene guardado en su corazón, y el hombre malo saca cosas malas del mal que tiene guardado en su corazón. Porque la boca habla de lo que está lleno el corazón." Lucas 6:45

[125] Éxodo 32

[126] "Digno eres, oh Señor, de recibir la gloria y la honra y el poder; porque tú creaste todas las cosas, y por tu voluntad existen y fueron creadas." Apocalipsis 4:11

[127] No sábados en plural, que significa otros días de descanso. Normalmente, estos otros días de reposo están relacionados con las leyes ceremoniales. Por ejemplo, la Pascua tiene algunos días

festivos a lo largo de la semana, se los conoce como sábados. Después de la cruz, uno no está obligado a observar estos días de reposo (es decir, los días de reposo ceremoniales) porque eran sombras de Aquel que había de venir. Sin embargo, el séptimo día sábado no es una ley ceremonial, es una ley moral como se encuentra en los Diez Mandamientos.

[128] Éxodo 3:5; 29:43-46; Josué 5:13-15

[129] "No todo el que me dice: "Señor, Señor," entrará en el reino de los cielos, sino el que hace la voluntad de mi Padre que está en los cielos. Muchos me dirán en ese día: "Señor, Señor, ¿no profetizamos en tu nombre y en tu nombre echamos fuera demonios y en tu nombre hicimos muchos milagros?" Entonces yo les declararé: "Nunca os he conocido. ¡Apártense de mí, malhechores!"" Mateo 7: 21-23. Estas son las palabras más aterradoras que un cristiano profeso podría escuchar.

[130] Algunos dicen que la Ley fue clavada en la cruz. Las Leyes Ceremoniales fueron ciertamente clavadas en la cruz. Sin embargo, la Ley Moral o los Diez Mandamientos no fueron eliminados, porque son eternas. "Es más fácil que pasen el cielo y la tierra, que que se invalide un punto de la Ley," Lucas 16:17.

[131] "Si apartas tu pie del día de reposo, de hacer tu voluntad en mi día santo; y llamen al día de reposo delicia, santo del Señor, honorable; y lo honrarás, no haciendo tus propios caminos, ni encontrando tu propio placer, ni hablando tus propias palabras:" Isaías 58:13, y "Por tanto, el Hijo del Hombre es Señor también del día de reposo." Marcos 2:28

[132] "También les di mis sábados como señal entre nosotros, para que supieran que yo, el Señor, los santifiqué." "Guarda mis sábados para que sean una señal entre nosotros. Entonces sabrás que yo soy el Señor tu Dios." Ezequiel 20:12, 20, "Será una señal entre los israelitas y yo para siempre, porque en seis días el Señor hizo los cielos y la tierra, y en el séptimo día descansó y se refrescó." Éxodo 31:17

[133] "Y en el séptimo día Dios terminó la obra que había hecho; y

Because I Love You / Porque Te Amo

---

reposó el día séptimo de toda su obra que había hecho. Y bendijo Dios ese día y lo santificó, porque en él había reposado de toda la obra que Dios había creado y hecho." Génesis 2:2-3

[134] "El Papa tiene tanta autoridad y poder que puede modificar, explicar o interpretar incluso las leyes divinas... " Traducido de Lucius Ferraris, Prompta Bibliotheca, "Papa," art. 2.

"A la iglesia de Dios le agradó que la celebración religiosa del día de reposo se transfiriera al 'día del Señor." Catecismo del Concilio de Trento, publicado por la Prensa Vaticana, por orden del Papa Pío V en 1566.

Daniel 7:25 habla del Cuerno Pequeño, también conocido como el Anticristo que se exalta por encima de Dios mediante el acto de cambiar las leyes y tiempos de Dios, persiguiendo aquellos (es decir, los fieles) que se paran por la verdad. El shabbat (el sabado) es una ley que se refiere al tiempo. Para aquellos que exaltan sus propias ideas por encima de la Biblia, o minimizan la Escritura, se aplica una advertencia solemne detallada en Apocalipsis 22:18-19

[135] Algunos dicen que el domingo es un memorial de la resurrección de Cristo. Pero Romanos 6:3-5 nos dice que el memorial que Cristo nos dejó para Su resurrección es la ordenanza del bautismo. El bautismo es la semejanza de su resurrección. El sábado es un memorial, no de la resurrección, sino de la creación.

[136] Albert Smith, canciller de la archidiócesis de Baltimore, respondiendo por el cardenal en una carta del 10 de febrero de 1920, confirmando que el domingo es una ley católica.

[137] "The Catholic Record" del 1 de septiembre de 1923 lo expresa de esta manera: "El domingo es nuestra marca de autoridad... La iglesia está por encima de la Biblia, y esta transferencia de la observancia del día de reposo es prueba de ese hecho."

[138] En las religiones antiguas del mundo, cuando Nimrod, el rey de Babilonia murió, se convirtió en uno con el sol. Semiramus, su esposa viuda, más tarde da a luz a un hijo, quien, según ella, es Nimrod reencarnado para salvar el mundo. El niño fue entonces llamado el "dios del sol" y Semiramus la "reina del cielo." La

quema de incienso a la 'reina del cielo,' 'provoca la ira del Señor,' según Jeremías 7 y 44. La madre y el niño han sido deificado través de la historia a través de diferentes nombres. Para Nimrod: Ninus, Tammuz, Horus, Iswara, Plutus, Jupitor-puer, Adurnis, Balder, Baal, Mithra, Dionysus, Vishna, Osiris. Para Semiramus: Rhea, Ishtar, Astarte, Beltis, Isis, Isi, Shing-moo, Ceres, Irene, Fortuna, Venus, Frigga, Ashtoreth.

Hoy en el Vaticano se encuentran las estatuas de deidades romanas, pero se les ha cambiado el nombre de María, Jesús y cada uno de los nombres de los apóstoles.

[139] Históricamente, los papas se han exaltado a sí mismos al aceptar títulos recibidos como "Señor Dios el Papa." Extravagantes del Papa Juan XXII, título 14, cap. 4, Declaramo.

En el Corpus Juris Canonici, el Papa Inocencio III declara que el Romano Pontífice es "el vice-regente sobre la tierra, no un simple hombre, sino Dios mismo." Por lo tanto, el domingo es el día santo del Papa.

[140] El día de reposo es el día de reposo del Señor tu Dios, Éxodo 20:10

[141] "Respondiendo Jesús, les dijo: Dad al César lo que es del César, ya Dios lo que es de Dios. Y se maravillaron de él." Marcos 12:17

[142] En 538 DC, el obispo de Roma es declarado jefe de toda la iglesia y toma el control del Imperio Romano. La Iglesia y estado se unen. Esto marca el comienzo de 1.260 años de opresión papal, y la persecución se ejecuta a través del brazo civil del Imperio Romano Eclesiastico contra aquellos que optan por adorar de manera diferente. Las víctimas fueron referidos como herejes. La herejía proviene del latín "haeresis" que simplemente significa: elección. Aunque era una etiqueta inofensiva, los herejes eventualmente fueron considerados rebeldes, la palabra luego se pensó como "una amenaza mortal para la humanidad y la sociedad, traición contra Dios y tenía que ser castigado con la muerte." American Documentary, Serie de Televisión: 'La Inquisición' Misterios de la Historia; History Channel.

Because I Love You / Porque Te Amo

---

[143] "Y dio a Moisés, cuando acabó de hablar con él en el monte Sinaí, dos tablas del testimonio, tablas de piedra, escritas con el dedo de Dios" Éxodo 31:18; "Y dio a Moisés, cuando acabó de hablar con él en el monte Sinaí, dos tablas del testimonio, tablas de piedra escritas con el dedo de Dios" Deuteronomio 9:10

[144] Emperador Constantino, 7 de marzo de 321 d. C., y poco después adoptado por la Iglesia Católica a través del Concilio de Laodicea en 363-364 d. C. que prohibió la observancia del séptimo día sábado.

[145] La Sociedad de Jesús, cuyos miembros se llaman Jesúitas, es una orden religiosa de la Iglesia Católica, formada en 1540 para contrarrestar la Reformación. Se contrató a dos hombres para reinterpretar las profecías que revelaban inequívocamente que el puesto del Papa era el "cuerno pequeño," "la bestia" y "el hombre de pecado." En otras palabras, el Anticristo. Anticristo simplemente significa, el que está en el lugar de Cristo, o Ante de Cristo. Ya que los fieles salían de la Madre Iglesia en volumenes altos, su trabajo consistía en parar la perdida de sus miembros a través de la teología de Preterismo creada por Luis de Alcasar, pero el más popular fue la interpretacion Futurista creada por el padre Francisco Ribera. Aunque no tuvieron éxito en ese entonces, su teología ha sido revivida a través de mucho esfuerzo en los ultimos 200 años. Hoy dia lo podemos ver en Hollywood, y TV por medio de libros y series como 'Left Behind,' y "Great Planet Earth." Hoy esta interpretacion es comúnmente adoptada entre Católicos y Protestantes por igual.

[146] El lenguaje de amor de Dios es la obediencia. "Pero Samuel respondió: ¿Qué agrada más al SEÑOR? ¿Holocaustos y sacrificios, u obedecerle? Es mejor obedecer que ofrecer un sacrificio. Mejor es hacer lo que él dice que ofrecer la grasa de carneros." 1 Samuel 15:22

[147] Proverbios 6:16-19 describe el orgullo como la primera cosa que el Señor odia.

[148] "Si los pecadores serán condenados, al menos que salten al

infierno sobre nuestros cuerpos." Charles Spurgeon

[149] "Ya te lo he dicho antes de que suceda. Entonces, cuando suceda, creerás." Juan 14:29

[150] "Y otro ángel le siguió, diciendo: Ha caído, ha caído Babilonia, la gran ciudad, porque ha hecho beber a todas las naciones del vino del furor de su fornicación." Apocalipsis 14:8

[151] "Por eso se llamó Babel, porque allí el SEÑOR confundió el idioma de todo el mundo. Desde allí, el SEÑOR los esparció sobre la faz de toda la tierra." Génesis 11:9

[152] Las leyes de Dios son transcripciones de su carácter. Rechazar su ley es rechazar quién es Él.

[153] Aleister Crowley, llamado por la BBC "el hombre más perverso del mundo." También era conocido por ser el "jefe de los satanistas." En su libro 'El Libro de la Ley' su filosofía principal se resume en esta cita: "Haz lo que quieras será toda la ley."

[154] Hacer que la Iglesia funcione como una próspera empresa comercial. También tomando prestadas estrategias mundiales para ayudarla a atraer nuevos miembros. El uso de los edificios de la Iglesia para tener conciertos de rock y pop mundanos como 'Hillsong' y otros tipos de entretenimiento atraen a los recién llegados basados en diversiones (sentimientos y emociones), no en la verdad (principios). Muchos se unen basándose en la premisa de que el cristianismo promete una vida más feliz, pero el cristianismo no se trata de una vida más feliz, se trata de ser salvos y es a través de la salvación que encontramos el gozo. Debido a que muchos ' venden ' el cristianismo como una alternativa de vida feliz, el 90% de miebros nuevos terminan abandonandola cuando no encuentran esta felicidad prometida. Los que quedan son sino miembros nominales. El cristianismo sin poder es lo que algunos llaman religión. Lo que la gente necesita no es una religión, sino una relación basada en principios, no en emociones.

[155] Costumbres paganas que entraron en la iglesia: adorar al sol es una abominación como se detalla en Ezequiel 8:16-17, oraciones a los santos y recurrir al papa cuando nuestro único mediador es

Jesús según 1 Timoteo 2:5 y Hebreos 4:16, bautismo infantil cuando el único ejemplo en la Biblia de personas que se bautizan es a una edad madura como lo fue cuando Jesús se bautizó a la edad de 30 en Mateo 3:16, confesión de pecados a un sacerdote y actos de penitencia para expiar son contrarios a Romanos 1:17 donde somos justificados por la fe, las oraciones en vano repetición están prohibidas en Mateo 6: 7, nadie más que Dios puede ofrecer perdón por los pecados dice Marcos 2:3-7, la adoración de imágenes y reliquias transgrede Éxodo 20:4-6, etc.

[156] El apóstol Pablo tenía algo que decir sobre esto mientras estaba vivo: "El misterio de iniquidad ya está en funcionamiento." 2 Tesalonicenses 2:7. Ya en el primer siglo, Pablo vio una tendencia mortal en la iglesia: una tendencia a alejarse de las Escrituras y de la ley de Dios. Satanás ya estaba trabajando, usando fuerzas dentro de la Iglesia para destruirla.

[157] Apostasía: adoptar una opinión que es contraria a las creencias religiosas anteriores. El abandono total, desercion, o salida o de una religión, principios, partido, causa, etc.

[158] Según el National Post, "Es imposible calcular la riqueza de la Iglesia Católica Romana." La sede del Papa es la cabeza de probablemente la institución más rica que el mundo haya visto jamás. Considere la gran cantidad de bienes raíces en todo el mundo, el Banco del Vaticano, y el hecho de que tiene su propio país, el Estado del Vaticano.

[159] "A la mujer se le dieron las dos alas de un gran águila, para que volara al lugar preparado para ella en el desierto, donde sería atendida por un tiempo, tiempos y medio tiempo, fuera de del alcance de la serpiente." Apocalipsis 12:14

[160] https://www.sabbathtruth.com/sabbath-history/sabbath-through-the-centuries/id/999/1st-century

[161] "Con quien los reyes de la tierra cometieron fornicación, y los habitantes de la tierra se embriagaron con el vino de su fornicación."Apocalipsis 17:2

[162] "Y apareció una gran maravilla en el cielo; una mujer vestida del

Because I Love You / Porque Te Amo

---

sol, y la luna debajo de sus pies, y sobre su cabeza una corona de doce estrellas: " Apocalipsis 12:1
[163] Humildad, abnegación y renuncia al mundo para compartir el Evangelio.
[164] Los miembros fieles católicos como Martín Lutero, un monje que sinceramente trató de reformar la Iglesia de error. A pesar de demostrar soluciones a sus errores a través de las Escrituras, la Iglesia decidió ceñirse a la tradición y lo acusó de herejía. Al final, Lutero tuvo que tomar una decisión, quedarse en el error y vivir, o salir de Babilonia a costa de su vida. Lutero se mantuvo firme y eligió la última alternativa. Aunque perseguido por su vida, pudo escapar.
[165] El Papa Juan Pablo II hace una disculpa sin precedentes por los pecados de la Iglesia Católica.
http://transcripts.cnn.com/TRANSCRIPTS/0003/12/sm.06.html
[166] Los historiadores creen que la iglesia destruyó al menos 50 millones de vidas por cuestiones de convicciones religiosas. Eso significa que fueron perseguidos por elegir creer de manera diferente.
[167] "Y otro ángel le siguió, diciendo: Ha caído, ha caído Babilonia, la gran ciudad, porque ha dado a beber a todas las naciones del vino del furor de su fornicación." Apocalipsis 14:8 y "Con quien los reyes de la tierra cometieron fornicación, y los habitantes de la tierra se embriagaron con el vino de su fornicación." Apocalipsis 17:2
[168] Tertuliano: 155 - c. 240 AD) fue un prolífico autor cristiano primitivo de Cartago en la provincia romana de África. De origen bereber y fenicio, fue el primer autor cristiano en producir un extenso corpus de literatura cristiana latina. Fue uno de los primeros apologistas cristianos y polemista contra la herejía, incluido el gnosticismo cristiano contemporáneo. Tertuliano ha sido llamado "el padre del cristianismo latino" y "el fundador de la teología occidental." Tertuliano aplicó la figura bíblica de Babilonia a la ciudad de Roma y su dominación. Retrató a Roma borracha

Because I Love You / Porque Te Amo

con la sangre de los santos mártires. Pedro también dijo esto: "La iglesia que está en Babilonia, elegida juntamente contigo, te saluda; y también Marcus mi hijo." 1 Pedro 5:13. No hay tradición de que Pedro fuera a Babilonia, y en su día estaba prácticamente desierta. Por otro lado, la tradición indica consistentemente que Pedro pasó los últimos años de su vida en Roma. Como centro de idolatría, el término "Babilonia" era una designación figurativa apropiada para Roma (véase Apocalipsis 17; 18).

[169] El escritor del Midrash Rabbah judío, en S. de Sol. 1: 6, dice: "Llamaron al lugar Roma Babilonia" (Soncino ed., P. 60).

[170] "He aquí, vuestra casa os es dejada desierta." Mateo 23:38

[171] "¡Serpientes, generación de víboras! ¿Cómo escaparéis de la condenación del infierno?" Mateo 23:33

[172] "Yo soy el camino, la verdad y la vida" Juan 14:6

[173] "En el principio era el Verbo, y el Verbo estaba con Dios, y el Verbo era Dios. Estaba con Dios al principio. Por medio de él fueron hechas todas las cosas; sin él no se hizo nada de lo que se ha hecho." Juan 1:1-3

[174] Muchos proclaman tener la verdad, pero si su mensaje no está en armonía "a la ley y al testimonio, y no parecen ser conforme a esto, es porque no hay luz en ellos." Isaías 8: 20-22

[175] "¡Huid de Babilonia! ¡Corred por vuestras vidas! No seas destruido por sus pecados. Es tiempo de la venganza del SEÑOR; él le pagará lo que merece." Jeremías 51:6

[176] "Vosotros sois mis amigos, si hacéis lo que yo os comunico." Juan 15:14

[177] "Y el tercer ángel los siguió, diciendo a gran voz: Si alguno adora a la bestia y a su imagen, y recibe la marca en su frente o en su mano, éste beberá del vino de la ira de Dios, que se derrama sin mezcla en la copa de su indignación; y será atormentado con fuego y azufre delante de los santos ángeles, y delante del Cordero; y el humo de su tormento sube por los siglos de los siglos; y no tienen reposo de día ni de noche los que adoran la bestia y su imagen, y cualquiera que reciba la marca de su nombre. Aquí está la

paciencia de los santos: aquí están los que guardan los mandamientos de Dios y la fe de Jesús." Apocalipsis 14:9-12

[178] Apocalipsis 15

[179] Apocalipsis 14:12 dice "fe en Jesús." Apocalipsis 12:17 dice que "el testimonio de Jesús." El primero sugiere que tenemos la misma fe que tenía Jesús cuando vivió en la tierra, siempre conectando con el Padre, y el Padre viviendo en Jesús. Esto último es lo que sucede cuando dejamos que Jesús viva en nosotros, nuestras vidas son testimonio de Él para el espectador. Son uno y lo mismo.

[180] Justicia por la fe: "Dios hizo eso para probar en nuestro tiempo que él es justo. Demostró que tiene razón. También hizo justicia consigo mismo a los que creen en Jesús. Romanos 3:26 y "Noé tuvo fe. Entonces construyó un arca para salvar a su familia. Lo construyó debido a su gran respeto por Dios. Dios le había advertido sobre cosas que aún no se podían ver. Debido a su fe le mostró al mundo que era culpable. Debido a su fe, fue considerado justo ante Dios." Hebreos 11:7

[181] "La gente adoraba al dragón, porque le había dado autoridad a la bestia. También adoraron a la bestia. Preguntaron: "¿Quién como la bestia? ¿Quién podrá hacer la guerra contra él?"" Apocalipsis 13:4

[182] "Una de las cabezas de la bestia parecía haber tenido una herida mortal. Pero la herida se había curado. El mundo entero se asombró y siguió a la bestia." Apocalipsis 13:3

[183] Rey o Reino: "Estas grandes bestias, que son cuatro, son cuatro reyes, que se levantarán de la tierra." Daniel 7:17. "Así es como el ángel me lo explicó. Él dijo: 'La cuarta bestia representa un cuarto reino en la tierra, cual será diferente de los otros reinos, e ira a devorar toda la tierra, y pisara y le aplastara.'" Daniel 7:23.

[184] Históricamente, los papas se han exaltado a sí mismos al aceptar títulos recibidos como "Señor Dios el Papa." Extravagantes del Papa Juan XXII, título 14, cap. 4, Declaramo.
En el Corpus Juris Canonici, el Papa Inocencio III declara que el Romano Pontífice es "el vice-regente sobre la tierra, no un simple

hombre, sino de Dios mismo." Por lo tanto, el domingo es el día santo del Papa.

[185] Blasfemia es una palabra Bíblica que se aplica a cualquiera que se haga pasar por Dios, asuma Su autoridad o presuma de ejercer los privilegios especiales que le pertenecen únicamente a Él. Considere la siguiente afirmación en The Catholic Priest, págs. 78 y 79: "Busque donde quiera, a través del cielo y la tierra, y encontrará un solo ser creado que puede perdonar al pecador... Ese ser extraordinario es el sacerdote, el sacerdote católico [romano]." Las Escrituras en Marcos 2:7 nos dice que solo Dios puede perdonar los pecados.

[186] Éxodo 20:4-6 se refiere a imágenes: "No te harás una imagen en forma de nada en el cielo arriba, ni en la tierra abajo, ni en las aguas abajo. No te inclinarás ante ellos ni los adorarás; porque yo, el Señor tu Dios, soy un Dios celoso que castigo a los hijos por el pecado de los padres hasta la tercera y cuarta generación de los que me odian, pero mostrando amor a mil generaciones de los que me aman y guardan mis mandamientos."

[187] 'The Catholic Record' del 1 de septiembre de 1923 lo expresa de esta manera: "El domingo es nuestra marca de autoridad... La iglesia está por encima de la Biblia, y esta transferencia de la observancia del sábado es prueba de ese hecho."

[188] Albert Smith, Canciller de la Arquidiócesis de Baltimore, respondiendo por el Cardenal en una carta del 10 de febrero de 1920, confirmando que el domingo es una ley católica.

[189] La conclusión anterior no es nueva. "Los cristianos más respetados e influyentes que jamás hayan vivido llegaron a la misma conclusión. Eran hombres sinceros, intensamente serios y honestos que basaron sus conclusiones en las profecías de la Biblia. Hombres como Wycliffe, Tyndale, Luther, Calvin, Cranmer; en el siglo XVII, Bunyan, los traductores de la Biblia KJV y los hombres que publicaron las confesiones de fe bautista y de Westminster; Sir Isaac Newton, Wesley, Whitfield, Jonathan Edwards; y más recientemente Spurgeon, el obispo JC Ryle y el Dr.

Martin Lloyd Jones. Estos hombres y muchos otros, todos vieron el oficio del papado como el anticristo." Michael de Semlyen, Todos los caminos conducen a Roma, pág. 205.

[190] Sermones sobre el Credo del Papa Pío IV, predicados en la Iglesia de Santo Tomás, Dublín. Griffin, John Nash. Pág. 416

[191] Cisma de Occidente, Historia Católica Romana. brittanica.com

[192] Por la adopción y el ejercicio de la marca que es el domingo, una ley católica. También apóstata porque la esencia misma del protestantismo se ha degenerado desde los tiempos de los reformadores. "En lugar de defender la fe que una vez apoyaron, ahora, por así decirlo, están pidiendo disculpas a Roma por su opinión poco caritativa de ella, pidiendo perdón por su intolerancia. GC 571.4

[193] El Papa Juan Pablo II hace una disculpa sin precedentes por los pecados de la Iglesia Católica. http://transcripts.cnn.com/TRANSCRIPTS/0003/12/sm.06.html

[194] "Este es el pacto que haré con ellos después de ese tiempo, dice el Señor. Pondré mis leyes en sus corazones. Escribiré mis leyes en sus mentes." Hebreos 10:16 de Jeremías 31:33

[195] El servicio, también llamado trabajo médico misionero simplemente significa obras cristianas benévolas, será el trabajo final.

[196] Jillette agregó: "Y siempre he dicho que yo no respeto la gente que no proselite. No le respeto en absoluto." Moore, art. "Se revelo quien fue el hombre misterioso que dio la Biblia a un ateo famoso." 14 de septiembre de 2020. Living Waters.

Because I Love You / Porque Te Amo

Made in the USA
Columbia, SC
03 November 2020